インスピリッツテニスクラブ成功物語

毎日テニスだけ
やってたら、
年商2億の会社に
なりました。

好きなことで起業した
増田君の毎日が冒険

増田吉彦

クオル出版

子どものころ、家に居場所がなかった
友だちも離れていった
いつもひとりぼっちだった
人との会話も苦手だった
会話しなくてもよかったから
テニスだけは続けた

テニスの試合に出た
勝ちたくてひたすら練習した
まったく勝てなかった
それでも試合に出続けたら、少しずつ勝てるようになった
自分に自信が持てるようになり、試合を通して知り合いも増えていった
暗闇だった人生に光が差した

暗闇の中にいたころ悩みを相談できる場所がほしかった

心療内科とかじゃなく気軽に行けるところ

テニスの試合で勝てない悩みを抱えた人たちも

きっとそんな場所を求めているはず

そう考え、テニスクラブ経営に踏み切った

23歳、毎日が冒険の始まりだった

smile everyone!
inspirits
Tennis Club

僕が始めた
インスピリッツテニスクラブは
母校に頼み込んで
貸してもらった
ボロボロのテニスコートが
あるのみだった

そこで毎日試合を
開催しているうちに
何もなかった場所に人が
集まり始めた

試合の相談に応えるために
コミュニケーションを学んだ

たった一人で始めた
テニスクラブは
テニスの試合を日本一
開催する会社になった

やりたいことがあって
ひたすらやり続ければ
それはきっとビジネスになる

だから勇気を持って
1歩を踏み出して欲しい

こんな僕でも
ここまで来れたのだから

はじめの前に

みなさんこんにちは！　株式会社インスピリッツの増田吉彦です。まず、この本を手に取って頂きありがとうございます！

読んで頂いている方に言うのも変ですが、この本を手に取るということは、そうとう意識が高い方なんじゃないでしょうか⁇　もしあなたが、テニス関係者じゃないとしたらなおさら意識が高いか、凄く本が好きか。とにかく世の中の多くの方とは少し違った方のようですね。そんなあなたとの出会いに感謝します。本当にありがとうございます。

そんなあなたに、最初にいくつか質問させてください。今、欲しいものはありますか？　今、やりたいことはありますか？　今、行きたい場所はありますか？　それらはすぐに手に入りそうですか？　毎日、ワクワク、ドキドキ過ごしていますか？

この本のサブタイトルには「毎日が冒険」とついています。僕自身、順風満帆に人生を過ごしてきたわけではありません。どちらかというと不器用で、手探りで、ビジネススキルは本当に、本当にありません。長期的視点？　難しいですね。時代は凄いスピードで変わりますし。逆算志向？　最近少しできるようになってきた！　気がします。経営戦略？最近学び始めました！　とまぁ、こんな感じです…

そんな僕が唯一やったことといえば、その時、その時、ワクワク心が動いたことをあきらめずにできるまでやる、ただそれだけでした。そして、それは大げさなことではありません。おいしいご飯が食べたい、好きなブランドの洋服がほしい、彼女を作りたい、ベンチプレス100kg上げたい（最近筋トレにはまってます）等々。

そんな小さな欲望に正直に、そしてそれをがんばって実現してきました。

この本は、バカな僕がとにかく行動して、失敗を繰り返しながら、人に助けられながら成功したストーリーです。今、振り返るとバカだからこそあまり先を想像しすぎず行動できて、バカだからこそ周りが心配して助けてくれたし、周りの人の優秀さに心から「すげぇ」

と思って頼れたのだと思います。なので、この本は自分で「普通かも」「いや、ちょっと…」と思っている人向けな気がします。

そして、実は今も冒険は続いています!! 本書を読んで一緒に夢を追いたいという方、ぜひ連絡ください!! 一緒に冒険しましょう!! この本が、冒険に出るみなさんの背中をグイっと後押しできるようなものになったらうれしいです。

さて、冒険に出発する準備はできましたか? それでは、次のページをめくるという小さな一歩を踏み出してみましょう。あなたは「続きが読みたいという欲望を達成した人」になりますよ〜

はじめに

インスピリッツテニスクラブの自己紹介

僕は23歳で起業、翌年にインスピリッツテニスクラブを立ち上げました。現在18年目、一人で始めたテニスクラブは、いまや約30人のスタッフで運営しています。

インスピリッツテニスクラブは、1年365日、毎日試合を開催しています。元旦も休まず営業です。テニス業界は、会員制のクラブ経営、スクール経営が一般的で、毎日試合を開催するクラブはほかにありません。当時、このアイディアを思いついたとき、ほとんどの人に反対されたのを覚えています。

インスピリッツテニスクラブには「インスピ」という愛称があります。お客様もスタッフもみんなインスピ、インスピと呼びます。確かにインスピリッツテニスクラブは長い…ので本書でもここからはインスピと書きます。

インスピがあるのは、埼玉県を流れる荒川の河川敷の竹藪の中で、「こんなところにテニスコートがあるって本当？」と驚かれるような場所です。着替えはコンテナ、トイレは仮設トイレです。受付はキャンプ用のテントで行います。過酷です…屋外コートなので、夏はうだるような暑さの日もありますし、冬は凍えそうな日もあります。そんなテニスクラブですが、多くの方が試合に足を運んでくださいます。

現在、インスピが試合を開催する会場は約20、年間の大会数は約5000、参加してくださるお客様の数は約6万人にのぼります。インスピはテニス大会開催数日本一（おそらく世界一）のテニスクラブです。

試合会場には毎日「ドラマ」があります。主役は参加者。僕は「演出家」としてみなさんのドラマをプロデュースしてきました。そんな毎日の中で出会った人々や出来事が僕を成長させてくれました。

本書は、いまだかつてないテニスクラブ経営に踏み切った僕・増田吉彦の毎日が冒険の物語です。インスピを立ち上げて好きなテニスだけやってたら、年商2億の会社になりました。

みなさんの可能性は無限大です。本書の各項目の最後には「冒険の書」として、僕自身の体験から導き出した一言コメントを付けています。これが少しでもみなさんの冒険の手助けになれば幸いです。

それでは、始めていきましょう。試合開始です。お願いしま〜す。

―冒険の書1―

いつからでも、いまからでも冒険は始められる！

目次

お金がないから、コート整備は自力で
忘れられないお客様
本気が伝われば、周りが助けてくれる
机とコンテナから始まった
インスピという秘密基地ができていく
本気で叱ってくれる人は宝物
一歩ずつ
先に出ていくお金が少なかった
インスピをつくっているもの
試合で人の輪が広がっていく
幻のコートリニューアル大作戦
ボールがつないでくれた縁
法人化、そしてＦＣスタート
集客の取り組み

賞金付き大会
アットホームな時代
いまを楽しむ
人と人とが関わる仕事
試合だけして、強くなる
もう一人の自分
雑念との闘い
自分自身とのコミュニケーション
目先の勝利より、うれしいこと
バランスが大事
ノートに書くことの大切さ
失敗から学ぶ
できないから可能性がある

第4章
なりたい自分になるために
―インスピに関わるすべての人を幸せにする―

インスピとインスピNEXT
欲があるから1歩踏み出す
プロテニスプレーヤーとの連携
プロテニスリーグが目指すところ
テニスを観る雰囲気を変えたい
PTLフェスタ
テニス界とコミュニケーション
試合会場を子どもたちの思い出の場所にしたい
子どもたちを取り巻く環境
インスピNEXTとPTLをつなげていく
競合ではなく「協合」
愛情が大きいほど、大きな夢がかなう
あとがきにかえて　テニスにありがとう

第1章

友だちと呼べるのはラケットだけだった

―僕の冒険が始まるまで―

テニスとの出会い

僕が生まれたのは埼玉県さいたま市中央区（旧与野市）。小学校1年生のとき、父の転勤で大阪に移り、豊中市立新田小学校に転入。当時、小学校の正門の前にテニスクラブがあり、そこに通い始めたのがテニスとの出会いです。

当初は、テニスをやりたいからクラブに入ったわけではなく、小学校の前にテニスクラブがあったから入っていたという感じでした。そこで出会ったのが、後の全日本チャンピオンの寺地貴弘選手。そのテニスへの情熱に驚きました。テニスクラブで宿題をやり、そのまま夜遅くまで練習していました。

「こういう人がプロになるんだろうなぁ」

そんな風に感じていたのを覚えています。

―冒険の書2―

運命を変える出会いは、いつどこにあるかわからない

入ってやめるの繰り返し

大阪でテニスと出会い、2年間を過ごした後、再び父の転勤で埼玉に戻ることになりました。「浦和ルーテル学院」に転入し、「ルネサンス浦和」というスポーツクラブでテニスを習い始めました。

浦和ルーテル学院は小学校・中学校・高等学校の一貫校で、キリスト教の学校です。テニススクールに通っていたこともあり、学校の部活でもなんとなく個人競技をやりたいと考えていました。実際は…小学校はバスケ部で中学校はサッカー部でした。学生時代陰

キャだった僕は、当時人気だったバスケ部とサッカー部に入ってモテキ到来を期待したわけです。実際は…

テニスはずっと続けていました。中学時代には「与野テニスクラブ」に通い、週に1回のレッスンを受けていました。プロになりたいと思っていました。プロになるために試しにプロ育成のレッスンを受けてみました。埼玉にある育成で有名な「エフ・テニスプランニング」というスクールに体験に行きました。1日体験を受けて、プロを諦めました。ポンコツ過ぎる…

高校卒業後、「明治大学」の農学部に進学しました。大学デビューを狙い、まず金髪にしました。自分を解放したい、自由に生きたいとの願望の表れだったように思います。そして、テニス部の門を叩きました。

幼いころに寺地選手のがんばりを見て憧れ、でも自分は何もがんばっていないのにプロになれると思いこみ、厳しい練習には耐えられませんでした。そんな自分でも厳しい環境に身を置けば、変われるのではないかと期待して入りました。意識は自由を望んでいても、無意識の中で、本気でがんばれる場所を探していたのかもしれません。

しかし、実際に体育会のテニス部に入ってみると、やはり甘くない現実が待っていました。部員は、ほとんどが高校時代に好成績を収めた選手の選抜で、インターハイに出場しているのが最低限レベル。僕のように、一般入試で何の実績もない新入部員はかなり珍しい存在でした。そして大学デビューを目指した金髪は、初日で坊主への変更を余儀《よぎ》なくされました。

選抜選手は寮生活でしたが、一般入部の僕は自宅から通っていました。3カ月後、仮入部から正式入部できるところまできました。部の伝統で、正式入部するときには木彫りのネームプレートが授与されます。僕は、部長からのラケットと木彫りのネームプレートを丁重にお断りして、テニス部をやめました。だって、華のキャンパスライフを送りたかったんだもん。

体育会テニス部をやめたとき、気付いたことがあります。自分は組織に入ることに強いアレルギー反応を起こしてしまうということです。これは、大学卒業後に一瞬サラリーマンになったときにも感じたことです。

組織にはルールがあります。僕は人に決められたことをやるのが苦手。組織には罰則もあります。耐えられません。決まっていることに対して、僕は適性が無い。向いてない。これをはっきりと自覚したことが起業のきっかけの一つです。

―冒険の書3―

ダメだったとしても、その一歩が大きな気付きになる、かも

リアルピノキオ

小学生のころ、僕は勉強もスポーツも得意でした。そして、まわりからは「増田君は神様みたい」と言われていたと記憶しています。完全に調子乗りました。だって神様なんで

すから。僕の鼻はどんどん高くなっていきました。リアルピノキオ爆誕です。

調子に乗った僕は、やりたいと思ったことがあるとみんなを巻き込んでいきました。当時から自分が決めたことに対する行動力はあったんだなと思います。小学校で始めたバスケットボール、みんなで仲良くがんばっていました。中学校になったらみんなでさらにがんばろうと約束していたんですが、当時開幕したJリーグに興奮して、バスケをやめてサッカーを始めました。

中学校でサッカーを始めると、みんなをサッカー部に勧誘しまくりました。でも、飽きると一人で勝手にサッカー部をやめました。そんなことを繰り返していれば、周りから人がいなくなっていきますよね。

神様だった増田君の伸びきった鼻はボキボキに折られ、どんどん塞《ふさ》ぎ込んでいきました。そして、神様だった増田君は陰キャ街道まっしぐら。一人でいることが多くなりました。

そんな中でもテニスは続けていました。高校からは「アップルテニスクラブ」に行き始めました。

それまでは進学もテニスクラブも家族からの助言で選んでいたのに、そのテニスクラブは自分で選び、自分で行くと決めました。このままじゃいけない、と自分なりに危機感があったのだと思います。

通い始めると、いろいろな世代の会員の方々が一緒にテニスをやってくれました。学校では一人だけど、ここに来ればみんなと関われる。すさんでいた気持ちが、少しずつ変わり始めました。

そのテニスクラブにはいろいろな人がいました。強くないと練習をしてくれない人も、その逆も。そこで気が付いたのは、テニスが強くなると、関わる人たちの顔ぶれが変わるということ。また、テニスコーチとの良い出会いもありました。アップルテニスクラブとの出会いは、高校時代の自分を救ってくれました。

それは、「アップルテニスクラブに行くぞ」と自分自身が決めたからだと思います。小さな一歩を踏み出す勇気は自分自身の中にしかありませんが、踏み出した場所が安全かどうかは運です。僕は運が良かった。そして、大学時代、テニス部をやめて自分を見失いそうになったとき、僕はまたアップルテニスクラブに向かっていました。

―冒険の書4―

自分で決めて踏み出した一歩は、きっと自分の糧《かて》になる

会話せずに生きていきたい

アップルテニスクラブで世代を超えた人たちと関わった僕は、社会というものを初めて意識しました。自分が存在しているのは、家や学校だけでなく、社会の中であるということを。大学に進み、体育会テニス部には自分の居場所がないと思い知ってやめた後、心に誓ったことがあります。このままテニスまでやめたら本当に負けだ、と。世の中は家や学校だけでできてるんじゃない、と教えてくれたのがテニスだったから。

僕はアップルテニスクラブとルネサンス浦和でテニスコーチのアルバイトを始めました。

しかし、相変わらず人と話すのは苦手なまま。いくらアルバイトコーチとはいえ、人と話さないわけにはいきません。どうやって人と上手に接したらいいのかわからず、レッスンに行くのが毎回苦痛でした。テニススクールではテニスの教え方は教えてくれるんですが、人とのコミュニケーションのとり方は教えてくれませんでした。

人と話せない陰キャの僕には地獄でした…　それでも、くじけずにテニスコーチのアルバイトを続けました。それは、テニスコーチたちと練習することができたから。自分より強い人と練習することで、自分が変われることを実感したからです。

特に3人の方にお世話になりました。一人目は北野雄三コーチ。はっきり言って武士です。この方はテニス道を究めております。北野さんと練習するのは毎回すごく緊張するんですが、そのひたむきな練習態度に毎回感銘を受けていました。北野さんには練習方法やテニスが強くなるためのことをたくさん教えてもらいました。また、右も左もわからない僕に1からテニスレッスンのやり方を教えてくださいました。

二人目は内海大典コーチ。内海さんにはテニスだけではなく様々な経験をさせて頂きました。レッスンが終わってから朝まで六本木のクラブに連れてかれて放置されたり…　女

の子紹介させられたり… テニスの思い出より、たくさんの『遊び』を教えてもらった思い出の方が多いです（笑）

三人目は石田洋平コーチ、洋平さんにはお世話になりすぎていて、何をお世話になったか覚えてないくらいなんですが… 当時から全日本テニス選手権に出場するくらい上手なのに、僕と練習をしてくださいました。何で僕と練習してくれたのかはいまだに謎なんですが、洋平さんと練習する時はいつも緊張していて、どの試合よりも必死にボールを追いかけていたと思います。

洋平さんは僕にCAFTというインカレテニスサークルも紹介してくださいました。当時のCAFTは関東優勝するようなサークルで、とても強いサークルでした。そこでのメンバーにも恵まれました。

芸術的なキックサーブの佐々木悠（現ルネサンス）、粘り強いファイターの清水雄一（現テニスポテンシャル）、フォアのスピンとバックのスライスの緩急が凄い野邉地隼人（現西武ドームテニススクール）、当時のダブルスパートナー前田耕平（現うるま市代表）。当時から人と話すことが苦手な僕でしたが、このメンバーが根気強く誘ってくれたおかげで、テニスの練習もがんばることができました。内海さんのおかげで『合コン』も初体験できましたし（笑）。こんな僕を誘い続けるのは大変なことだったと思います…　本当に感謝しています。いまでも足を向けて寝れません。

みんなのおかげで、だんだんとテニスが上達していきました。少しずつですが試合にも勝てるようになっていきました。これまで勝てなかった人に勝てたとき、自分は変われるんだというリアルな感覚を初めてつかむことができました。自分を表現できる舞台が試合なんだと感じました。この小さな成功体験が後のインスピの礎《いしずえ》となります。

そこそこ充実した大学テニスライフを過ごしました。試合にも勝てるようになってきました。「このままテニスだけをして生きていきたい」。そんなことを考えられるくらいテニスにはまり込んでいました。

―冒険の書5―

ひたむきさこそ最大の魅力なのかもしれない

試合で練習

テニスの試合で勝てるようになるのは、とても大変です。まず試合には相手がいます。技術、戦術、メンタル。まさに総合力が試されます。そして、試合に勝つには、試合に出ないことには始まりません。

僕が試合に出始めたころの、いまでも印象に残っている試合があります。相手の方から、練習の仕方を変えたほうがいいと言われた試合です。相手は当時の日本ランキングで30位くらいの選手で、僕が出場している試合の第1シードの方でした。スコアは0―6、0―6。1ゲームも取れず、何もできずに終わりました。かかった時間は30分くらいでしょうか(通常は1時間〜1時間30分)。

試合の後、アドバイスを求めました。僕はその試合に向けて練習を重ね、特にラリーをたくさんしていました。これ以上、どんな練習をしたら試合に勝てるようになるのか、わからない状態だったのです。その方からのアドバイスは、練習の仕方でも技術的なものでもありませんでした。

「もっと試合をした方がいいよ」

きょとんとする僕に、言葉を続けます。

「ＪＯＰ（ＪＴＡに改称）大会には出ない方がいい。日本ランキングのポイントを獲得できるＪＯＰ大会はレベルが高いし、エントリー費も高い。高いエントリー費を払ってすぐ負けてしまうのは、コストパフォーマンスが悪いと思わない？　それならエントリー費も手ごろで何試合もできる、小規模の草トーナメント（一般向けの大会）に出たほうがいいよ。試合の中でいろいろ試すと、うまくいくパターン、うまくいかないパターンが自然とわかるようになるから」

このころ、市民大会の1回戦で負けていた僕がしていたのは、練習のための練習。練習でできても試合でできなくては勝てません。勝てるようになるために、覚悟を決めて試合に出続けました。試合でできることを増やすために、試合の中で練習しました。それを繰り返すうち、勝てるようになりだしたのです。アルバイト先のテニスクラブでも強い方になり、レッスンのフィーもあがりました。そしてついにダブルスの日本ランキングがついたのです。確か190〜200位。大学4年生になってました。

―冒険の書6―

心が動いたら、素直に従ってみよう

コミュニケーションを変えれば、人生が変わる

大学4年生になった僕は、これから人生どうしようと悶々としていました。そんな時、アップルテニスクラブの先輩に連れられて行ったのが、ソーシャル・アライアンス株式会社（以下ＳＡ）という会社のセミナーでした。

先輩は、僕がアシスタントとして入っていたレッスンのチーフコーチで、とても厳しいコーチでした。レッスン中に生徒さんの前でアシスタントコーチを怒鳴りつける、昭和の頑固おやじみたいな人でした。でも、あるときを境に、そのコーチが変わったのです。ひとことで言えば、優しくなりました。なんでだろう？　疑問に思いながら話を聞いていると、どうもセールスマン向けのセミナーに感化されたらしいことがわかりました。

そのコーチの豹変《ひょうへん》ぶりに衝撃を受けていた僕は、どんなセミナーを受けたのか興味津々で、コーチと一緒にセミナーに行きました。そこにいたのが、現ＳＡ会長の桑原正守さん

です。セミナーで桑原さんは、人とのコミュニケーションのとり方を説いていました。

「とりあえず、人の話を聞くことから始めなさい。ほかの人より3倍の情熱で、3倍の反応で」

こんな話もしていました。

「30代の死亡原因第1位が自殺」

営業マンとして世界1位をとった自分としては、この世の中は何としても変えなければいけない（当時の桑原さんはある教材販売で個人・マネージャー・代理店の3つのカテゴリーで世界1位を獲得していました）、日本の営業マンを救っていきたい、と。営業にもうまくいく『ツボ』と『コツ』があると。自分もその『ツボ』と『コツ』を押さえて世界1位になったんだと。それがコミュニケーションの『5ステップ』だと。この『ツボ』と『コツ』さえ共有できれば、個人でもチームでも成果を出すことができると話していました。

脳天を撃ち抜かれました。

自分のコミュニケーションを変えれば、望んだ未来を手に入れることができる。

『これだ！！！』と思いました。僕は家に帰って身近な存在から試し始めました。そこから僕の人生は180度変わっていきます。まず最初に変化が現れたのは『父』でした。それまで、あまり良いとは言えなかった父との関係が徐々に変わっていったのです。

―冒険の書7―
真に受ける。これも一つの才能だ

ありがとう、お父さん

父は2020年、心臓発作で永眠しました。
父は転勤が多く、大阪でテニスと出会ったのも父の転勤に伴ってのことでしたし、僕が高校時代には単身赴任で中国に勤務していました。父は勉強にも、食事のマナーなどにも、凄く厳しい人でした。とにかく叱られ続けていたと記憶しています。ご飯を食べるときは必ず正座で、箸の使い方が違うとすごく叱られていたことを覚えています。

また、父はよく冗談を言っていました。おもしろいと感じたことは一度もなかったですが、父なりに一生懸命コミュニケーションをとろうとしていたのかなと、いまとなっては思います。

人間関係で悩んだ思春期のころ、父にすごく反抗しました。毎日、顔を合わせるたびにケンカです。そして僕は、自分の学校生活がうまくいかないのを父のせいにしていたのです。だから父とのコミュニケーションは反抗でしかありませんでした。押し付けに対して反抗すれば、ケンカになってしまいます。

父も僕も、お互いにもっと理解したい、自分の気持ちを伝えたいと考えているのに、それを伝える手段を間違えていたのです。この父との関係が、僕がコミュニケーションを学ぶ動機にもなりました。実は、コミュニケーションを学んで最初に実践した相手は『父』でした。

結果は…

「お前、変わったなぁ」と初めて父が認めてくれました。とてもうれしかった。コミュニケーションを学んでよかった。「SAすげ～」ってなりました。そこからコミュニケーションを学ぶことがさらに楽しくなりました。

もし父が、ものわかりのいい人で、自由にのびのびと育っていたとしたら、僕はインスピを始めていなかったと思います。父という壁があったから、コミュニケーションも学んだし、起業したのです。壁を突破して、父にほめてもらうために。

ありがとう、お父さん。

─冒険の書8─
身近な人へ、感謝の気持ちをいますぐ伝えよう

テニスだけをやって生きていくために

小中高、そして大学と、常に人間関係に悩んできました。人とうまく会話できない。だから良い関係も築けない。悶々《もんもん》とした日々を過ごしながら、テニスだけは続けました。それは、テニスラケットがあればそんなに会話しなくていい、そう考えて、ラケットという道具に救いを求めたのかもしれません。幼い子どもがお気に入りのぬいぐるみを手放さないように。でも、このまま仕事したらやっていけるのか。ラケットがない場所で、自分は大丈夫なんだろうか。不安でたまりませんでした。

しかし、コミュニケーションを学ぶと、父との関係や、周りとの人間関係がどんどん良くなっていきました。人生が変わりました。生まれて初めて彼女もできました。

そして、僕は2つの大きな決断をします。

1・これからの人生に迷ったときには、自分も相手も幸せになるコミュニケーションを指

針にすること

2・ずっとテニスだけをやって生きていくこと

1は日々意識していけば解決します。問題は2です…　テニスだけをやって生きていくには、何かで食い扶持《ぶち》を稼がなくてはなりません。試合に勝てるようになったとは言え、プロではありません。たとえプロになったとしても、それで食べていけるのはごく一握りのエリートたちだけです。

どうやって稼ぐか…　そうだ不労所得だ！

あまりにも短絡的な発想でしたが、テニスだけをやって生きていくためにはそれしか考えつきませんでした。そして、不労所得を獲得するために起業を決意しました。会社を作って利益を出して、不動産投資でもして不労所得を稼いで、テニスだけして生きていこう！

気付けば、大学4年の12月になっていました。この時期になってようやく、僕は就職活動を始めます。働いてまず資金を貯めよう。会社を作ることを学べる会社に入ろう。現実を見て活動をした結果、ベンチャー企業を支援する会社に入社が決まりました。そこは、営業成績が良い社員に、1000万円を投資して独立を支援するような会社で、起業を目指す人たちが集まっていました。結果を出せば報われる、ただし、結果を出すまでは寝ないで働け精神の会社です。資金を貯めるまではガマン、ガマン（泣）。

―冒険の書9―
「やりたい」や「なりたい」に勝るエネルギー源を僕は知らない

不動産セールスで学んだこと

大学を卒業して入った会社は、結論から言うと半年でやめました。最初一番厳しい部署に配属されたかと思うと、しばらくしたら、いきなりの出向。ジョイント・ベンチャーする予定の不動産会社に行くことになりました。そこで言われたのは、営業マンとして、とにかく不動産を売るためのノウハウを学べと。出向になった10人で、その10倍の社員を抱える本社よりも優れた営業成績をあげていました。しかし、半年がたったころ、本社からの出向ではなく転籍になると言われ、これはあやしいと退職を決意。大学時代の体育会といい、僕はとことん組織に向いていないようです…

半年でやめた不動産会社でしたが、収穫もありました。度胸がついたことです。その会社は飛び込み、テレアポ、キャッチセールスで不動産を売っていました。はっきり言って過酷です。不動産なんてそう簡単に売れるものではありません。だって動かないのが不動産ですから！　僕はやけくそ気味に朝までチラシを配り、ひたすら知らない人に声をかけまくりました。

こんな営業をしていくうちに、ある外国人の方と仲良くなりました。その方は家を購入したかったのですが、外国籍だとなかなか融資がおりないと相談され、必死に探したら貸してくれる金融機関が見つかったのです。その方に感謝され、同じような境遇の外国人をたくさん紹介してくれました。お陰で、さらに売れたのです。

ものを売るのに信頼関係は大切です。でも、まず人に会わなくては関係は始まりません。人に声をかけて、コミュニケーションで相手が望んでいることを知り、それをかなえるお手伝いをする。その段階を踏んでこそ信頼関係が生まれることを学びました。

声をかける大切さを実感した僕は、知らない人に声をかける恐怖心が無くなりました。そして、僕には会社を作るために３００万を貯めるという目的がありました。

入社から半年後、歩合給だったこともあり、なんとか３００万を貯めることができました。そして9月に退職。上司には「実力も何もないお前が起業できるはずがない!!」と言われましたが、まったく聞く耳もたずでした。

— 冒険の書10 —

コミュニケーションは
必ずあなたから始めよう

コミュニティづくりからスタート

入社から半年で退職をした僕は、貯めた３００万を元手に、本格的な起業の準備を始めました。当時、事業の相談をしていたパートナーと連日打ち合わせを重ねる中で出た事業案がカウンセリングです。

子どものころ、家庭や学校で居場所をなくしていた自分は、気軽に悩みを相談できる場所が近所にほしかった。「駆け込み寺」のような場所をつくりたいと考えたのです。

しかし、当時の僕は社会人としても人間としてもまだまだ経験が浅く、そんな未熟な自分がカウンセラーとして出てきても相談に来た人は話す気になれないのではないか。冷静に考えて、そう思いました。そして、考えたのです。

「よし、まずはコミュニティをつくろう！」

当時、クラブＪというテニスサークルがありました。知り合いのコーチが主催で、僕の母のコーチでもありました。彼はかっこよかった。クルマの助手席に外国人の彼女を乗せて、颯爽《さっそう》としている。当時クラブＪは数万人の会員がいたように記憶しています。

そのテニスサークルをモデルに僕が考えたのは、1万人の会員の中にカウンセリングルームがあるようなイメージ。先に増田コミュニティをつくり、その中で立ち上げた事業ならきっとうまくいく！「大好きな増田さんがやっているカウンセリングなら行きたい」となるはず！　いまで言うオンラインサロンのような感じです。これはいける！　と思いました。根拠のない自信ほど強いものはありません。

いつかカウンセリング事業につなげることを目標に、テニスサークルを立ち上げたのが２００４年9月。サークル名は「zero（ゼロ）」。０（ゼロ）から1（イチ）を作り出す、という思いを込めました。まずはクラブＪのように、とにかくサークルを大きくしようと考えていました。数万人も会員がいたサークルは、後にも先にもなかったと思います。それだけ偉大なサークルでした。

サークルを大きくして、ＨＰ（ホームページ）を作って、ネットの掲示板を活用して、いろいろな場所でいろいろなイベントを企画していこう。1万人もいれば、きっと集客できる！

そんな青写真を描いていた僕ですが、綿密なプランをたてて実行するのは大の苦手でした。

何から手を付けていいかも分からない…

「ヤバい、どうしよう」

毎日焦りを感じていました。

このままでは本当にまずいと思い、まずは活動拠点を探すことから始めたのです。


―冒険の書11―

何もできなくても、
心からやりたいことがあるなら、
きっと周りが助けてくれる

救世主現る

テニスサークルを立ち上げても、活動しなければ意味がありません。そしてテニスサークルが活動するためにはテニスコートが必要ですが、当時の僕がテニスコートを持っているはずがありません。

民間のコートや公営のコートを、イベントを開催する度に借りるという方法もありますが、民間のコートのレンタル料は高いし、公営のコートは抽選で当たらないと使用できません。何とかコートを見つけようと日々奔走《ほんそう》していました。

そして、藁《わら》にもすがる思いで、母校である浦和ルーテル学院に向かいました。先にも書いたようにリアルピノキオで青春時代を過ごした場所です。その日々があったからこそ、いまの自分がある。いまの自分がやろうとしていることを素直に伝えたい、そう思いました。体育教師だった同級生のお父さんが、校長になっているという幸運も重なり、面談がかないました。

テニスサークルで起業するという僕の話を聞いて、校長先生は少し驚いた様子でしたが、うれしそうな顔をしてこうおっしゃいました。

「そうか、目立たない生徒だった増田君が起業か。協力してあげよう」

浦和ルーテル学院は、第2グラウンドやテニスコートを所有していました。学院からクルマで30分ほどかかるので、体育祭を除いては、ほとんど使うことがない状態だったのです。そのテニスコートをまず、毎週日曜日の早い時間帯のみ借りることができました。それも破格の条件で。覚書にサインするとき、涙が出そうで校長先生の顔をまともに見れませんでした。

借りたハードコートは土まみれで、雑草が生えほうだい。コートネットにはツタがからまっていました。置いてあった簡易トイレは… ご想像にお任せします。

そんな場所でも僕には光り輝く未来が見えました。ここが陽当たりの良い場所になって、たくさんの人が集まる景色が。

― 冒険の書12 ―

自分に何も無くても、
心からやりたいことがあれば、
きっと誰かが背中を押してくれる。
あなたにもそんな人がきっといるはず

カウンセリングにつながるのは、テニスの試合だと気付いた

サークル zero の活動は、浦和ルーテル学院のテニスコートを借りられたこともあり、少しずつ軌道に乗り始めていました。メンバーはほとんどが社会人で、テニスの初心者か

ら上手な人まで様々。テニスだけではなく、飲み会を開催したり、冬場はスキーにも出かけました。メンバーの会費は無しで、イベント参加費をその都度頂くかたち。毎回、15～20人くらいが集まっていました。

毎回たくさんの人が集まってテニスをしていると、もっと頻度をあげて開催したくなってしまうのが人の性（ひとのさが）…　ではなく調子に乗りやすい増田の性でございます。僕は、浦和ルーテル学院に空いているコートを毎日借りられないか交渉に行きました。そして、結果はＯＫ。

ここからどうやって事業にしていくかを考え始めました。考えて考えて、考えているうちに、思い出したことがあります。ここで事業を始めると決めたときに、もう一つ決めたことがあったのです。それは、

「毎日テニスだけをしていたい」

さらに、自分の成功体験から「テニスの試合に出て、出て、出て、できなかった課題を練習して強くなる」というテーマも出てきました。

また、「試合に勝つにはメンタルがとても重要だ」とも思っていました。ここにカウン

セリングがつながりました。「どうして試合になると緊張してしまうのか」など、きっと自分と同じ悩みを抱えた人は多いのでは？　その悩みを解決することが事業につながるのでは？

こうして自問自答を繰り返していくうちにインスピの原型の事業アイディアがぼんやりとできたのでした。

さらっと書いてますが、自分の中から事業アイディアを絞り出すのは、胃に穴が空きそうになるまで考えました。まず、まっさらな紙にいまの自分にあるものを全部書き出しました、そこに、自分が大切にしている価値観も全部付け足します。それぞれをつなぎ合わせて一番矢印が向かっていたのが、僕の場合は「テニスの試合」でした。その「テニスの試合」を事業の柱にしていこうと決めた感じです。

最初は自分の「不労所得が欲しい」「毎日テニスをしていたい」という欲から始めたサークル活動でした。しかし、それを『事業』にするとなると、自分の欲だけでは成り立ちませんでした。『人が喜ぶこと』を真剣に考えたからこそ、インスピを生み出せたのではないかなといまとなっては思います。

― 冒険の書13 ―

自分のやりたいこと×人が喜ぶこと。それがきっと事業になる

母校へのご恩は忘れない

浦和ルーテル学院のテニスコートを毎日使っていいよと言ってくださった校長先生に、僕は何のお礼もできませんが…と、こうお伝えしました。

「お借りする代わりにきれいにします。テニス部の指導もします」

その約束通り、土曜の午前中は学校のテニス部を教えました。学校に備品を寄付したこともあります。でも、母校から受けたご恩はとても返し切れません。未熟だった僕に手を差し伸べてくれたから、いまのインスピがあります。

― 冒険の書14 ―

恩を感じる力だけは磨き続けたい。

あなたも一緒にどうですか？

zero

第2章

ちょっと、強くなれた

―冒険のはじまり―

毎日試合をするテニスクラブ

確保できた3面のテニスコートでやろうと決めたのは毎日試合を開催すること。いまのインスピにつながる事業の柱です。当初、月額いくらで試合し放題、という仕組みを考えました。いわゆるサブスクです。チラシも作りました。ほぼサブスクでいきかけていたインスピのプレオープン直前、サブスクはやめようと考えなおしたのです。

月額いくらの方が会計はラクだし、売り上げ予測も立てやすい。でも、自分が試合に出る立場ならどうだろうと考えました。1回しか試合に出ない月と3回出た月が同じ金額で納得できるだろうか？　定額いくらを払ったら試合し放題という環境で、1試合1試合、緊張感を持って本気で臨めるだろうか？　毎回同じような顔ぶれの中で、試合をやり続けて楽しいか？

テニスの試合は、どの大会に出るかを選ぶところから始まります。レベル、場所、曜日、時間帯、料金。様々な要素を加味して、自分自身で大会を選び、エントリーする。そこで支払うお金は、サブスクで支払うお金より価値が高いのではないか。そう考えました。サブスク制度はやめて、大会ごとにエントリー費を頂くかたちに変更しました。

次はエントリー費をいくらにするのかで悩みました。ここでも自分自身が試合に申し込む立場だったらどうかで決めました。基準にしたのは、自分でも無理なく月に3回は申し込める金額です。そして決めた値段は、自分で言うのもなんですが安い…

・1大会につき1500円（ボール代は別　※持ち込み可）

これなら大会1回あたり2000円ほどで出場できます。自分のようなお金のない若者でも参加しやすいはずだ、よしこれでいこう！　完全に勢いで決めました。

この破格の料金設定は2年くらい続きました。価格の安さでかなり惹《ひ》きつけたと思います。後にこの価格設定をした当時の自分を恨むことになるのですが…　それはまた後々のお話です。

いまとなってはサブスクにしなくてよかったと思っています。やはり試合は一期一会の出会いがあるのも魅力の一つだと感じるからです。当時から土壇場での危機回避能力は、なぜだか持っていた気がします。

試合の進行方法や試合形式などいろいろ詰めなければならない課題も山積みでしたが、ようやく事業のかたちになってきました。さぁ、募集開始です。初月は無料で参加できるようにして、ひたすら知り合いに電話しました!!

「無料でテニスできるから、遊びに来てね!!」

サークル立ち上げから、ほぼ1年が過ぎようとしていました。

―冒険の書15―

最後の一押しは勢いが大切な時もある

お金がないから、コート整備は自力で

2005年8月、テニスサークル「zero」は、「インスピリッツテニスクラブ」に生まれ変わりました。

当時、手元にはわずかな資金しか残っていませんでした。1年足らずのサークル活動では安定した収入は得られません。それに支払いの際、領収書をもらうこともしませんでした。

そんな状況だったので、インスピのプレオープン直前まで続けていたのがテニスコーチのアルバイト。3つくらいテニスクラブをかけ持ちして働いていました。夜はアルバイトコーチをして、昼はプレオープンに向けての準備です。

とにかくお金がないので、テニスクラブをやるといっても設備投資はできません。浦和ルーテル学院が破格の条件でコートを貸してくれたのも、そもそも事業として成り立つの？　と思ったから温情をかけてくれたのでしょう。

お金がないとはいえ、荒れたままのコートでは試合はできません。お金がないのなら、自力でやるしかない。コート整備のために、「zero」時代のサークル仲間が20人くらい手伝ってくれることになりました。本当にありがたかったです。

テニスコートには大きなひび割れがありました。それをみんなでセメントで埋めたり、コートを磨いたり。コートは雨の日にカッパを着てクレンザーを撒いてデッキブラシで磨くのが一番汚れが落ちます。みなさんぜひ試してみてください（笑）

ネットにからまったツタも除去。テニスコートの横には「なぜあるのかわからない」コンテナがありました。中にはなんと（驚）

中はすべて掃除して更衣室として利用することにしました。壁には「inspirits with zero」の文字をサークルの仲間たちとペンキで書きました。サークル仲間に学校の先生がいて、小学校の拡大コピー機を使って型を作ってもらいました。

会場回りの草刈りをして、待機用のイスを置いて、駐車場の一角を受付にしました。そして、トイレです。河川敷なのでトイレは仮設トイレです。河川敷には河川法というやっかいなものがありまして… 下水は通せません。水道も通せません。井戸水をくみ上げて水道にしています。飲めません。

電気は…　ギリギリ通せました！　おかげで自販機が設置することができています。さて、トイレです。トイレは…でした（笑）。半日かけて必死に掃除しました。トイレには神様がいるので。

なんとかかんとか人が過ごせるくらいになってきました。


―冒険の書16―

誰かと一緒にやれば、何だって楽しい

spirits
zero
Coca-Cola
Coca-Cola

with

忘れられないお客様

２００５年8月のプレオープンを経て、同年の9月、インスピは正式にオープンしました。さあ、毎日テニスの試合をする事業のスタートです。プレオープン前に知り合いに片っ端から連絡し、来てくれた人にはその場で9月からの予約をしてもらいました。

インスピ創成期のお客様で忘れられない方がいます。年間２００試合にエントリーしたOさんです。まさに試合で練習を繰り返して、初心者から1番上のレベルまで到達しました。テニスの上達もすごかったのですが、まず「この人は一体何をしている方なんだろう？？？」に興味がありました。年間２００大会って月の半分以上もインスピに来ている計算ですからね（笑）

僕はOさんにとにかく話しかけて、仲良くなりました。そしていろいろ質問して、「不動産を数多く所有する経済的自由人」であることがわかりました。僕が起業した当初の目的は、テニスだけして暮らす、でしたが、それを実現した方でした。

Oさんはアイディアマンでもありました。こんな夢を聞いたことがあります。海外留学生に日本語を教える場所をつくり、物件を建て、部屋を埋めていく。そこは公園が中心の町でいろいろな人種の人たちが集まる町。話を聞いて心が躍りました。

Oさんは、起業したばかりの自分にとって師匠のような存在でした。試合に来たついでにいろいろなアドバイスをしてくれました。資産家なのに節約家で、燃費の良いコンパクトカーに乗って、テニスウェアを破れるまで大切に着るような人でした。でも、インスピのスタッフにはドリンクをくれたり、軽井沢の別荘を貸してくれたりしました。とてもいい影響を受けました。インスピを始めたころは、Oさんのような個性的で経済的にも豊かなお客様が多かったように思います。

また、菊地伸明さんというお客様が、HPを作ってくれたのもありがたかったです。

僕の愛読書に、高橋歩さんの「毎日が冒険」（サンクチュアリ出版）という本があります。インスピ創成期のころは、まさに毎日が冒険で、走り出したからには止まらない、止まったら死んでしまう、そんな感じでした。怖くなかったと言えば、正直ウソになります。

でも、勇気を持って走り出したから、助けてくれる人たちが現れたのです。

―冒険の書17―

人に興味を持つことが、
人に好かれる第一歩なのかもしれない

本気が伝われば、周りが助けてくれる

インスピを立ち上げた当初は、なんでもやる。やればできる。その繰り返し。そして、がんばって問題解決をしていると、その都度助けてくれるスーパーマンが現れました。雑草だらけの空き地は草刈りをしてベンチを置いて待機スペースになりました。土で埋まっていた側溝の泥はすべて無くなりました。穴だらけのフェンスは使い古したテニスネットを使って補修しました。周りの人たちが助けてくれたのは、自分の本気が伝わったからだと思います。当時のスーパーマンたちの誰か一人でも欠けたら、インスピはオープンできませんでした。

僕はとにかく何もないところから何かを始めるのが好きです。ゼロからイチをつくりたい。そこにたくさんの人を巻き込みたい。「○○やる人この指と～ま～れ」の指出す人になりたいんです。

先駆者まっす～　で人気者まっす～　うん、いい響きだ。

僕が初めてゼロから自発的に仲間と作り上げた場所、それがインスピです。立ち上げは、味わったことのない感動が味わえます。毎日が感動の連続です。一回味わってみてください。ただ、中毒性がございます。用法容量お守りください。僕は毒に侵され、インスピとは別の会社も立ち上げるのですが、それはまた後のお話。

―冒険の書18―

その熱意に何かが引き寄せられる

机とコンテナから始まった

インスピの受付に置いてある机は、オープンしたてのころ、ボランティアの方が作ってくれたもので、いまでも大切に使わせてもらってます。机は御年18歳。めざせ100歳！インスピがスタートしたとき、あった備品はこの机と、コンテナ、そして開業祝でプレゼントされた時計。この時計とともに、インスピの歴史を刻んでいくんだ、そう誓ったのを覚えています。この3つの備品からインスピは始まりました。

試合会場が増えたいまでも、浦和ルーテル学院からお借りしたこのテニスコートは、インスピの歴史を刻み続けています。

―冒険の書19―

その一歩は小さくても、繰り返し動き続ければ、遠くに行くことだってできる

TENNIS
COURSE

インスピという
秘密基地ができていく

インスピの受付のある場所は、もともと荒れ地でした。砂利とゴロゴロの石。そして草がボーボー。なんとか整地できないものか… と考えていたとき、近くの工事現場にトラックがきていて、何度も土を運んでいました。

トラックの運転手さんに勇気を持って声をかけてみました。

「その土を分けてもらえませんか？」

そしたら、何と受付付近に土を入れてくれたのです。そして、一回帰社したのに戻ってきて整地までしてくれました。とてもありがたかったです。なんでもその社員の方が土建屋さんに戻ると、ただ土を入れただけなんて危険すぎると社長にこっぴどく叱られたそうです。土建屋さんの社長さんの器の大きさにも感謝です。

隣のサーキット場にもたくさんお世話になりました。サーキットにはインスピには無いきれいな女子トイレがありました。女子の試合があるときに使わせて頂けませんか？　とお願いに行きました。サーキットさんからは「どうぞ使って。よかったらサーキットの自販機でジュースでも買ってね～」。心が広すぎて菩薩様かと思いました。

テニスコートを整備している最中、手伝ってくれた人たちと夢だけを語っていました。楽しかったです。秘密基地を作っているようなワクワク感がありました。

―冒険の書20―

ワクワクに勝るモチベーションを

いまのところ知らない

本気で叱ってくれる人は宝物

２００５年9月のインスピオープン前日の出来事は、いまでも忘れられません。

その日は、翌日からの大会開催を控え、サークル「zero」の仲間やこれまでお世話になった方々にインスピをお披露目する大切な日でした。

インスピのテニスコートは、もののけが出てきそうな土手に面した竹林の中にあります。初めての方はまず見つけられません（現在は、大通りから看板での誘導とＨＰに詳細な道順を掲載しているので、迷うお客様はほとんどいらっしゃいません。Google map にも出てきます）。

しかし、当時はスマートフォンも地図アプリもありません。道案内の看板すらありませんでした。初めてで迷わない方が奇跡です。

その日の朝、会場に着いた僕の携帯に着信がありました。でも僕は、仲間とテニスをしていて、着信にはまったく気付きませんでした。そして、テニスが終わり携帯を見ると、同一人物のゲストからの着信が何件もあり、すぐさま折り返すと、耳元で怒号が響きました。

「何でお前は電話に出ねえんだよ！」（ゲスト）

「えっ⁉」（増田）

「お前の説明通りに行ったらそこに着かねえんだよ！」（ゲスト）

僕は慌てて、その方がいるであろう場所に向かいました。そこでも怒号が‼

「何でホストのくせに電話に出ねえんだよ‼」

「お客さんからの問い合わせに出ないとかなめてんのか」

「試合に入るのは勝手だけど、誰かに携帯預けとけ‼」

ちなみに、全部怒鳴られてます。人生で一番怒られたと思います。泡吹いて倒れる寸前でした。〈覇気〉は実在しました。

このとき、僕を叱ってくださったのは清水智巳さん。埼玉県の国体トレーナーを務めていて、大学時代フットワークを教わっていた恩師です。

そして、清水さんが会場に着いた後も怒号が‼

「こんな汚ねえトイレだと女の人は使わねえぞ‼　それと更衣室はどうすんだよ‼」

僕は大急ぎでサーキットにトイレのお願いに行きました。道案内の看板も作りました。

清水さんに叱られて、初めてお客様の立場にたって会場を見渡すことができました。

清水さんは現在、川口の秘密基地「清水整体療術所」を運営しながら、国体や実業団のトレーナーとしても活動しています。予約がなかなか取れないプレミアムなトレーナーです。清水さんは、誰が来ようと優劣を付けません。たとえどんなに有名なテニス選手が連絡してきても、その選手が希望する日時に一般の方の予約が入っていれば、迷いなく一般の方の予約を優先する。そんな粋な江戸っ子のような方です。

清水さんとは良い関係を続けさせて頂いていて、いまでも月に1回は怒られています。

―冒険の書21―

本気で叱ってくれる人は代えがたい財産になる

一歩ずつ

2005年9月に毎日試合をスタートしたインスピ。その月の売り上げはわずか24万円でした。当初、売り上げ目標は全然立てていませんでした。売り上げを追うより「参加者を集める、毎日満員にしよう」を目標に、集客力をつけることに全集中しました。増田の呼吸壱の型です。

とにかくチラシを配りまくって認知度を上げました。ジャパンオープン開催中の有明コロシアム、あるときは白子フェスティバル、あるときは山中湖テニストーナメント、あるときは平日の公園のテニスコート、さらには自分でいろいろな試合に出場しては会場でチラシを配っていました。すべて禁じ手です。良い子はマネしないでください。ほぼ主催者に怒られます。たまに応援してくださる主催者もいらっしゃいました。心の広さに甘えまくってチラシを配りまくりました。

中でも、白子テニスフェスティバルで2000人にチラシを配ろう大作戦は、おもしろかったしやりがいがありました。一緒に行った友達も協力してくれて、結果的に1500枚を配ることができました。どうすればたくさんの人にインスピを知ってもらえるか、いつもワクワクしながら作戦を練っていました。

電車で大会に参加してくれた大学生に試合で使ったボールを寄付したときは、ボールを入れた段ボールにチラシを張りまくりました。そして彼らに一言「歩く広告になりながら帰ってね」。もはや当時の自分が怖いです。

営業、大会運営、電話応対など、日々の業務を必死にやり続けました。とにかく行動しました。行動を起こすまではすごくドキドキします。いまならチラシ配りは非効率だと笑われるかもしれません。でも、チラシを見てインスピに来てくれて、常連になったお客様もいます。何より、自分で考えて行動するワクワク、ドキドキが楽しかった。チラシ配りをがんばってよかったと思います。

そのうち売り上げも徐々に伸びてきました。とは言え、なかなか月に100万の売り上げには届きませんでした。でも毎日が楽しかったのは、自分はすごく可能性があるかも、もしかしてすごいことになっていくかも、何でもできるかもといった前向きな「かも」を自然と感じたからです。綱渡りのような毎日でしたが、必死に働きました。天井に「起きろ！」と張り紙をして、毎日飛び起きて仕事をしていました。がむしゃらなエネルギーは徐々に周りを巻き込んでいきました。本当に一歩ずつでした。

いまも経営者として未熟者ですが、がむしゃらさだけは自信が持てる部分かもしれません。

―冒険の書22―

がむしゃらな一歩が未来につながる

先に出ていくお金が少なかった

売り上げがまだ少なかったころ、その状況を僕はまったく深刻にとらえていませんでした。それは、売り上げイコール利益と思っていたから。経費という概念がありませんでした。思い返すと冷や汗が…　ただ、先に出ていくものが少なかったのが幸いしました。

創業地であるテニスコートは、浦和ルーテル学院から破格の条件で借りていましたし、土日に増設した会場も大会を開催したらコート代を払ってくれればいいよ、と言ってくれました。大きな出費になるボール代も、その月に使用した分を翌月に後払いしていました。

―冒険の書23―

走り出せばなんとかなる

インスピをつくっているもの

オープン当初、コンテナと机、時計しかなかったインスピのコート。そこで毎日試合を開催するうちに、自然といろいろなものが増えてきました。

例えば、スコアボード。ゲーム数やポイントを表示する、テニスの試合にはなくてはならないものです。僕が自作したものがあったのですが、その素晴らしすぎる出来栄えを見かねたお客様が自作のスコアボードを寄付してくれました。僕が作ったのも素晴らしかったのですが、その大会に参加していたすべての参加者がそのお客様のスコアボードを気に入っていたので変更しました。僕が作ったのも素晴らしかったんですが！

シングルスの試合をするときはシングルススティックというものをネットの端に立てて試合をします。もちろん僕もかっこいいシングルススティックを作ったんですが、そのお客様が作って下さったものをありがたく頂戴しました。

別のお客様にはコンテナの内部を更衣室に改装するのを手伝ってもらいました。友人と一緒にコート脇の竹を切って、簡易的なシャワールームを作ったことも。歴史的「水シャワー」が爆誕しました。もちろん夏にしか使えません。ほかにも、お客様が喫煙所を作ってくれたり、トイレ掃除を手伝ってくれたり。自宅のマンションだと育てられないからとインスピに花壇を作って花を育てたお客様もいました。その花壇はいまでも存在していて、季節の花たちがお客様を迎えてくれています。

会場にあった七輪でキムチ鍋を作ってくれたお客様もいました。インスピの中では料理人さんと呼んでいたお客様で、自分の試合が終わるやいなや調理にとりかかり、特大のお鍋で美味しいキムチ鍋をみんなにご馳走してくれたのです。

インスピのコートを見渡すと、そこにある一つ一つのものに人の思いが込められていて、そのお陰で自分が生かされていると感じます。

試合を開催することで荒れたテニスコートに人が集まり、たくさんのものを思い出と一緒に残してくれました。それが、いまのインスピをつくっています。これからも毎日毎日、インスピをつくっているものたちを大切にしながら、お客様をお迎えしていきます。

― 冒険の書24 ―
関わる人たちが描いたことも一緒にかたちにしていこう!

試合で人の輪が広がっていく

当初、インスピの試合スケジュールは午前大会と午後大会。かなりざっくりとしたスケジュールでした。メインの種目は男子シングルス。レベルは超初級、初級、中級、オープン、強者(つわもの)に分けていました。

集客は徐々に上向いて土日は満員になるようになりました。毎日試合を開催しているのはインスピだけという点と、1500円で3試合できるというコストパフォーマンスの良さが口コミで広がったのだと思います。試合会場でのチラシ配りも多少の効果はあったのかも。

しかし、平日はなかなか人が集まりませんでした。また、男子シングルスに比べて、集客に苦戦したのが女子シングルス。定員が10名のところに集まっても3人くらいの大会が続きました。男性は会場が遠くても、施設が新しくなくても来てくれる。そう感じました。

満員になる土日にほかの会場を借りれば参加者を増やせると考え、大宮けんぽグラウンド、富士見市のコートを借りて大会を開催することにしました。ここでも、助けてくださるお客様が現れました。大宮けんぽグラウンドは業種別健康保険組合や民間企業が共同で運営する総合運動場で、野球場が52面、テニスコートは106面あります。インスピが新たな試合会場を探していると知ったお客様が大宮けんぽグラウンドを教えてくれて、交渉した結果、借りることができました。インスピにとっていまでも大切な会場である大宮けんぽグラウンドを紹介してくれたお客様は、スタッフとしてがんばってくれている佐藤可奈さんのお父さんです。ご縁に感謝しています。

現在、インスピでは様々なコートをお借りして、いろいろな団体と関わりながら大会を開催させて頂いています。そのほとんどがお客様からの紹介で関係が始まったところばかりです。毎日試合を開催しているからこそたくさんのつながりが生まれました。その豊かな人間関係こそインスピのとっておきの財産です。

その小さなご縁が小さな奇跡につながっていく

―冒険の書25―

幻のコートリニューアル大作戦

毎日必死に大会を運営していた僕のもとにお知らせが届きました。僕もよく試合に参加していた埼玉の岩槻のテニスクラブが無くなってしまうというものでした。そこにはまだ使える人工芝のテニスコートが3面ありました。

「キレイナジンコウシバノコートホシイ…　しかもインスピと同じ3面なんて運命じゃ

ん！」

「人工芝をもらってきて、インスピのコートに貼ろう！！！」

閃《ひらめ》いた次の瞬間、テニスクラブのオーナーに話に行ってました。おもしろいことを閃いたときと、気になる女の子ができたときは爆速で反応してました。交渉の結果、何とかオーナーからはＯＫを頂くことができました。テニスコートの人工芝を捨てようとすると産業廃棄物になり、処分するのにかなりの費用がかかります。だったら、持っていってもいいよ、ということになりました。

ただし、期限は5日間。この間にすべてのオムニコートを剥《は》がして、大量の砂とともにインスピに運ばなくてはなりません。あれこれ考えている余裕なんてありませんでした。タウンページで探して土建屋さんを手配して、事情を説明。ユンボを出してもらいました。ボランティアを募集して、何とか仲間を集めました。

現在はインスピの主力スタッフで、当時はインスピでアルバイトをしていた大学生の石井智明君にも声をかけて、石井君が所属していた大学のテニス部の部員を連れて来てもらいました。バイト代は払えないので、岩槻のテニスクラブから頂いたコートの備品を譲るからと来てもらいました。かなりグレーな取り引きでしたが、部員を連れて来てくれました（書きながら、石井君との付き合い長いな～と感じてます）。

コートを大きめのカッターで裁断、ユンボで掴んで持ち上げて砂をバサバサ落とす。それを丸めて、どこの部分かわかるように番号を書いて、軽トラックに積んで運ぶという稀《まれ》に見るパワープレーを敢行《かんこう》しました。

細かい部分でユンボが使えないところは、手作業で剥がしました。軍手のイボイボはコートを剥がすためにあるのだとこの時初めて知りました（たぶん違います）。落とした砂を集めて一輪車に乗せて運び、さらに軽トラックで運びました。参加した全員の経験したことのない筋肉痛と引き換えに完了することができました。そして、お待ちかねのインスピのコートに人工芝を設置する儀式が執り行われました！

結果、サイズが合わずにコートリニューアル計画は失敗に終わりました～～～　あはは～～～　詰めが甘い～～～　これ絶対怒られるやつ～～～

しかし、みんなは「さすが、まっす～！！！」と笑ってました。その時の人工芝はいま、お客様待機スペースの下に敷かれてお役目を全うしてくれています。

―冒険の書26―
すべてのチャレンジはいつか笑い話になる

ボールがつないでくれた縁

インスピリッツは日本一テニスボールを消費するテニスクラブです！（※注：インスピ調べ）。大会ごとに新しいボールを開けて、お客様に試合をして頂いています。1箱60球入りを1カ月で70～80箱消費します。試合で使い終わったボールは大学の体育会や提携のテニスクラブに寄付。練習球として再利用されています。また、地域の小学校や中学校にも寄付しています。切って椅子の下につけたり、野球部の練習などに使用されたりしているそうです。

ボール寄付活動はたくさんのメリットがありました。ボールを寄付している大学のテニス部の子たちがアルバイトをしてくれたり、ほかのテニスクラブのオーナーがインスピにコートを貸すときのメリットの一つと考えてくれたりしました。

インスピでは長く株式会社アムスコーポレーションという代理店を通してブリヂストンのボールを使ってきました。現社長の古川薫さんはインスピ創業当時に参加してくれていて、まだそれほどたくさんボールを使わないときからいろいろと助けてくださいました。

― 冒険の書27 ―

人のためになることなら、
最初はメリットを感じなくても
積極的に取り組んだほうが良い

法人化、そしてＦＣスタート

個人事業としてスタートしたインスピは、２００８年、法人化によって株式会社インスピリッツになりました。

このころ、インスピの試合を開催したいとの問い合わせが、ほかのテニスクラブから少しずつ入るようになりました。インスピとして試合会場を増やしたいのは山々です。すでに土日の大会は満員で、潜在的なお客様はもっといるはず。それはわかっていました。ただ、法人にしたとはいえ、まだまだマンパワーが足りず、大会運営に不安がありました。そこで考えたのがＦＣ（フランチャイズ・システム）。インスピの試合開催を希望するテニスクラブとＦＣ契約を結び、システム利用料を頂くかたちです。問い合わせの対応はこちらで、運営はそちらで、と。

インスピを上場させる、これからは全国展開だ！　威勢のいいことを言っていました。しかし、このＦＣが、後の危機につながる要因の一つになります。

―冒険の書28―

毎日大会をやっていたら会社になりました

集客の取り組み

集客に苦戦していたころ、とにかくインスピの認知度を上げようと、チラシ配りのほかにもいろいろやりました。

まずメディアへの露出。スマッシュ、テニスマガジンといったテニス専門誌、当時出始めていたテニス専門のウェブサイトにも試合の告知を掲載しました。紙媒体には毎日開催とだけ謳《うた》いました。大会数が多すぎて全部載せきれないので苦肉の策でした。あるウェブサイトはほぼインスピで埋め尽くされてしまっていました。

「毎日開催！」「年中無休！」「2000円で3試合！」

キャッチーなフレーズがお客様の目に留まり、多くの方が試合に足を運んでくださいました。インターネット上の巨大掲示板でも好意的に書かれました。悪口などは書かれてなく、評判が良くてほっとしたのを覚えています。

賞金付き大会や賞品付き大会、増田吉彦出場大会なども作りました。増田出場大会がすぐに満員になったときはうれしかったなぁ。賞金付き大会には普段の大会より強い人がくる傾向にあり、よりハイレベルな相手との試合を求める層にとって人気のある大会でした。日々の業務である毎日試合の開催に追われる中、インスピの営業のために合間をぬっていろんなテニスサークルに参加。お互いにＨＰのリンクを貼ったりしました。いろいろ試したおかげでたくさんの気付きを得ることができました。

結論。集客に一番効果があったのは、常連のお客様からの紹介です。本当にこれにつきました。試合で強くなるというインスピの理念に共感してくれて、実際試合に出て勝てるようになって、インスピっていいよ、一度出てみなよ！　と本音で周りに紹介してくれました。紹介して頂いた感謝の気持ちを、少しでもかたちにしてお返ししたいと500円の割引チケット（紹介での参加者にも初回限定で使える５００円の割引チケット）をお渡ししています。

わずかな金額のチケットですが、それがかえって誠実さにつながって、インスピのお客様の輪を広げるきっかけの一つになっているのかもしれません。

―冒険の書29―

一期一会の出会いを大切に輪を広げていこう

賞金付き大会

インスピオープンから3年後の２００８年には、平日の大会も満員が続くようになりました。その原動力になった一つが、賞金付き大会です。僕が出場して優勝すると、賞金は次回に持ち越しに。いわゆるキャリーオーバーです。賞金が貯まってくると、より強者が来ます。強い人が来ると、強い人と試合をしたい人が自然と集まるようになりました。

自分より強い相手に挑むのは試合の醍醐味《だいごみ》です。当時は、大会の優勝者は次回無料で参加できる特典もありました。これも効果があったように思います。前回の優勝者が出場することで、強い人が必ず一人はいることになり、強い人と試合がしたい、強い人に勝ちたい気持ちが大会に参加するモチベーションになったのです。

また、平日の冬場はお汁粉、夏場ならかき氷とかアイスを付けた大会も好評でした。題してスイーツ付き大会です。毎回用意するのが大変でしたが、試合が終わった後のほんわかした雰囲気が僕はとても好きでした。お客様が勝っても負けても楽しめる空間がそこにはあって、「インスピって雰囲気がいいよね！」とお客様に言ってもらえるような大会でした。

―冒険の書30―

人と人がつながる場所をつくっていきたい

アットホームな時代

インスピに来てくれていたお客様の中に、プロのカメラマンさんがいました。その方にお願いして、試合に参加したお客様のプレー中の連続写真を撮影してもらっていた時期があります。連続写真を見ながら、参加者にアドバイスしていました。この取り組みは好評で、テニスの試合を通して課題を見つけ、それを解決するというインスピの理念にも沿っていました。そして、何よりお客様とのコミュニケーションが深まるのが楽しかったです。

試合の後、七輪で芋や魚を焼いてみんなで食べたこともありました。アットホームな時代です。とにかく、いろいろなことを試しました。お客様に喜んでもらえるのがうれしかったからです。中には失敗もありましたが、それもまた楽しかったです。

しかし、試合会場が増え、FCも始めるようになると、すべてのお客様に同じサービスを提供できるかが課題になります。僕はまだ、そこに気が付いていませんでした。

―冒険の書31―

トライ&エラーは楽しい

いまを楽しむ

2009年はインスピがギネスに挑戦した年です。1月1日から12月31日までの期間にインスピが開催する大会を、ギネスブックに申請することにしたのです。インスピは毎日試合を開催しています。そんなテニスクラブは世界中探してもどこにもないはずで、「1年間に開催した大会数を世界記録として登録したら人気が出るんじゃないか?」とアイディアが出てきてしまいました。

インスピの超常連だったOさんもギネスへの挑戦に賛成してくれました。試合数世界一とアピールできればスポンサーが集まるよ、との意見にはさすが！　と思いました。こんなおもしろいことをやらないという選択肢はありません。すぐに行動です！　大会数がわかるような専用ボードを作成し、すべての大会で集合写真を撮影してＨＰにアップしました。その写真をもとにギネスに申請を行うという流れです。

結果としてはＨＰの写真だけでは証拠が不十分でギネス認定とはなりませんでした。残念な結果となりましたが、やってよかったと思っています。

それは、日々試合数が積み重なっていく様子を数字で可視化できて、僕やお客様みんなのモチベーションが高まったからです。大会を開催し続ける、大会に参加し続ける目的が新たにできた感覚でしたし、お客様との一体感がものすごくありました。これはおもしろい感覚だったなと思います。

試合に強くなる秘訣は、たくさん試合に出ることです。ただ、負けが続いたりすると辛くなることもあります。それでも継続し続けられれば成果が出ることもありますが、挫折してしまうことだってあります。ギネス挑戦企画は、楽しみながらたくさんの試合を経験していくという価値観がインスピの中に生まれました。それだけでもやった価値があったのではないかと思えました。

何かに取り組み始めたとき、最初は気付かないかもしれませんが、長いスパンで見ていくと、楽しめるかどうかが結果を大きく左右するように思います。

インスピの伝説のお客様であるOさんは、負け続けた時も悲壮感はありませんでした。どんなときでも、楽しみながら、試合に出ることを継続していきました。試合中にメモを取り、いろいろなことを試し、試合のなかで上達していきました。

ギネスもOさんもお客様に良い影響を与えていたと思っています。「楽しんで続けていくこと」がインスピの文化になっていきました。

―冒険の書32―

どんなことでも
楽しんで続けていけるような
工夫をしていこう

人と人とが関わる仕事

インスピを初めてから、カウンセリングをするための資格を取りました。当初、インスピはカウンセリング会社を立ち上げるためのステップとして考えていたからです。学校に通って試験を受け、臨床心理士に合格。大会運営の合間をぬっての勉強だったので2年がかりでした。

カウンセリングで勉強したことはインスピの接客にも大いに生かすことができました。相手を動機付けて導いていく。カウンセラーも大会運営者も本質はあまりかわらないのではないかと思います。人と人とが関わる仕事は、自分のエゴだけじゃうまくいきません。何かをやろうとするたびに人のために気を遣うし、ありがとうと言われるとがんばる。その繰り返しなのだと思います

―冒険の書33―

その人以上にその人の人生を本気になって考える

試合だけして、強くなる

インスピは毎日テニスの試合をする会社です。その経営者である僕自身が、試合だけやって勝てるようになった。そんな成功ストーリーが、インスピの価値を高めるのではないか、そう考えていました。

インスピが始まった当初、まだ参加者が少なく、なかなか定員に満たなかったこともあり、大会運営をしながら自分も試合に出ていました。毎日試合です。試合を繰り返していくと、自分のプレーの感覚が良くなるのがわかりました。相手が打った球に体が勝手に反応し、無意識にプレーができるようになったのです。

インスピの大会だけでなく、外部の大会にも積極的に出場しました。試合に出て、負けたらなぜ負けたのか課題を分析。課題をクリアするまで、インスピの試合で課題を試しました。それを繰り返したら、勝てるようになったのです。目標としていた、さいたま市の市民大会で優勝することができました。すると、どんな相手に対してもきっと勝てるというメンタルになってきます。以前であれば手も足も出なかったであろうレベルの相手にも、互角以上の勝負ができるようになりました。このころの自分は一切練習をしていませんでした。ひたすら試合だけ。1日平均して3試合はやっていたと思います。年間で1000試合！　大げさではなく、そのくらい試合漬けの毎日でした。

そして、この時期、ダブルスを組んでくれたパートナーが菊地陽君です。菊地君と出る試合は、強くなると同時に、インスピの認知度を高める貴重な場でもありました。試合会場に行くと必ずインスピのチラシを配りました。

菊地くんと組んで出場した埼玉県大会のダブルスで優勝できたことは。いつまでも僕の誇りです。ジュニア時代にはまったくの無名だった僕でも、ここまでできるということを証明できました。

プロになるような選手は、子どものころからテニスを本格的に始めます。プロだけでなく、インスピのような一般の大会でも、上位に来る人は子どものころから強かった場合が多いです。でも僕のように、テニスのエリートとして育っていなくても強くなれることを証明したい。そして、弱かった自分が試合を通してここまでできるようになった姿を見せたい。インスピの背景にはこうした僕の思いがあります。だから、大人になってからテニスを始めた方に、インスピはとてもマッチするのです。

次の項目から、弱かった自分が、強くなるためにいかにテニスに取り組んだかについて触れています。技術面はまったく書いていません。

僕が書いたのは、試合中の考え方やメンタル的なことが中心となります。それがインスピというビジネスにも役立っているからです。僕は、テニスプレーヤーとして強くなることで自己肯定感が高まり、人間力を高めることができました。だからインスピの危機も乗り越えられたし、経営者として成長することに一歩踏み出すことができたのです。

いつでも、いまからでも、あなたは何者にでもなれる

─冒険の書34─

もう一人の自分

僕は試合中に「あー、また同じミスした！　何やってるんだよー！」「やったー！　良いショットが打てた」「風が強くて嫌だな～」「やばい、ブレイクポイントだ。サーブ入るかな～」等々が、頭に浮かびます。誰かと会話しているわけではないけれど、必ずもう一人の自分と会話しています。あるとき、この会話がとても大事だと気付きました。

僕はこの会話がとても下手でしたが、長い間大会運営をして、成果を出している人と会話する中である傾向に気付いたのです。試合で勝っている人ほど、この会話がとても上手。例えば、こんな感じです。

「今日は風が強いな〜　ということは、いつもより足を動かそう！　いつも足が動かないことが多いけれど、今日はチャンスだぞ」

「風が強いということは、ほかの人も風に影響されてコンディションを崩す可能性があるな！　これは、強い人に勝つチャンスだ！」

「風の対策も覚えるチャンスだ」

「そもそも、こうやって前向きに考えている自分って素晴らしい！」

このように、風に対しての見方を自分自身で前向きに変えています。プラス思考は、試合で自分のコンディションを崩さないために、非常に重要なスキルだと思います。

―冒険の書35―

自分のご機嫌は自分でとる

雑念との闘い

インスピにはスタッフ出場試合という大会があります。それは僕にとって余計なことを考える要素が盛りだくさんの大会。なぜかというと、インスピのお客様が観戦に来てくれたり、対戦することもあるからです。さらにインスピのＨＰでは「増田吉彦出場試合」という大会名付きで優勝者が紹介されるので、僕の写真でなければ負けたことがひと目でわかってしまう…（インスピリッツでは各大会の優勝者をＨＰにアップしています。ぜひＨＰの優勝者表彰をご覧になってみてください）

そんなプレッシャーと闘いながら、試合中にはこんなことを考えています。

「勝ちたい」「ボールを見る」「次のポイント取りたい」「手首の力を抜いて〜」「ダブルフォルトしたくないな〜」「落ち着いて」「負けたらどうしよう」「目先の1勝よりも上達が大事」

雑念しかありません。プレーの内容なんてこれっぽっちも覚えていませんし、相手のことがまったく見えていません。酷いもんです。そんな出場試合ですが、自分自身との対話がかなり鍛えられたことは間違いありません。過酷な環境に身を投じたことが、結果自分の成長につながる貴重な経験となっています。

ちなみに、絶賛開催中の企画となっておりますので、みなさんのご参加をお待ちしております！　冷や汗でビショビショの増田を見ることができます。その際は少し遠めから眺めることをおすすめします。あんまり近づくと…ね…　ニオ…　のでやめましょう。

―冒険の書36―

過酷な環境に身を投じてみるのも
悪くはないのかもしれない

自分自身とのコミュニケーション

自分の人生を変えてくれたのが、テニスとコミュニケーションです。コミュニケーションにも2種類あります。他者とのコミュニケーションと自分自身とのコミュニケーション。そのどちらも大切ですが、つい軽視しがちなのが自分自身とのコミュニケーションです。

僕がテニスの試合で勝てるようになったのは、先に書いたように、自分に対してコミュニケーションをとるようになったからです。試合でミスをしたとき、自分はダメだと思いがち。でも、自分を責めるのではなくて、いまはどうだった？　と自問自答するのが大切。いまはチャレンジしたからOK！　と、自分の心をひらくと、本当の課題が見えてきます。自分にはこんな弱点がある。いまのままだと勝てない。でも弱点を克服した先には勝利がある。だから、やろう！　と決断できます。

やるかやらないかを決めるのは、自分しかいないのです。

―冒険の書37―

心の中の自分に語りかけてみよう

目先の勝利より、うれしいこと

インスピは、お客様に試合経験を積んでもらい、試合に勝てるようになってほしいという思いのもとに始めたテニスクラブです。僕自身、試合に勝てずに悩んだ時期がありました。目先の勝ち負けにこだわり、試合でラケットを振りきれなかったり、守備的なプレーばかりしてしまったこともあります。

でも、たくさん試合に出て、試合で出た課題を徹底的に練習し、試合では目先の勝ち負けにこだわらず、課題のクリアに集中することができるようになってから、試合で少しずつ勝てるようになってきました。練習をしっかりやっているときよりもずっと成果が出た気がします。

試合で勝ったときもうれしいですが、自分の課題をクリアしたときは、新しい自分に生まれ変わったようで最高にうれしい。目先の勝利よりもうれしいことが、試合にはあります。

―冒険の書38―

今日の自分よりも
明日の自分の方が
少し成長していたい

バランスが大事

テニスをやる場面として考えられるのは、「試合」「レッスン」「練習」。試合、レッスン、練習にはそれぞれメリットがあると思います。

まず「試合」について。試合をすると、勝負強さや、判断力、配球、ポジショニング、反応力などが良くなります。そして何より課題が明確になります。次に「レッスン」では、試合で出た課題の部分を改良し、それを「練習」で繰り返し反復することによって、実戦で使えるようにします。

僕は、試合ばかりした時期と、練習ばかりした時期がありました。試合ばかりやっていると、いまある技術で勝つ方法を身に着けることはできますが、超えられない壁が現れます。逆に練習ばかりだと、試合で使わないことまでやろうとします。それに、望んだショットを練習で打てるようになっても試合で勝てる保証はありません。バランスよく一歩一歩取り組んでいくことが大事です。

―冒険の書39―

Baby Steps to Giant Strides

ノートに書くことの大切さ

試合に出たときに、自分がミスしたショットをノートにメモしてみたことがあります。そうしたら、ノートが真っ黒になりました。次の試合のとき、試しにノートを持たずにコートに入って、試合後に思い出しながら、ミスしたショットを書いてみようと思ったら、ペンが進みません。30分前のことなのに、こんなに忘れるんだとかなり実感しました。

ミスが多かったところから課題として練習していけば良いわけですから、ノートに書いておくととても便利です。あるときの試合では、ミスをした回数が一番多かったのは、デュースサイドからのファーストサーブでした。
ノートに書いておくと、どのショットが何回ミスしたかもわかります。試合のたびに、同じショットのミスの回数が減っていけば、いま取り組んでいる強化法が間違っていないという証明にもなります。記憶に頼らず、ノートに書く習慣はかなりおすすめです。

人って次の日になると50%は忘れてしまうそうです

— 冒険の書40 —

失敗から学ぶ

僕は、テニスの試合でフォアハンドストロークをクロスに深く返すのに5年もかかりました。それほどの時間を要したのは、数々の失敗をしたから。その失敗例を箇条書きにすると、次のようになります。

・フォアハンドだけでなく、ほかの練習にも時間を使った
・フォアハンドの打つときの身体の使い方を、最初に徹底的に調べなかった
・間違ったフォームを繰り返し反復してしまった
・目標達成の期限を決めていなかった
・試合に出る頻度が少なかったため、実戦で試す場が無くモチベーションが低下した

そして何より、

・試合のどのシチュエーションでフォアのクロスに深く返すか決めていなかった

この失敗から学べることとは、失敗したことの逆をやれば、早くフォアハンドが上達するということ。「失敗は成功のもと」とは、本当にその通りだなと思います。

―冒険の書41―

課題とは正面から向き合おう

できないから可能性がある

自分が試合に勝てなかったから、インスピを始めました。もし自分が試合に勝てていたら、テニスクラブを立ち上げようと思わなかったでしょうし、いまの自分はないかもしれません。

できないからダメなのではなく、できないからできるようになる可能性があるのです。例えば10できないことがあったら、自分はできないことが多くてダメな人間だと思うのではなく、それだけ自分には「伸びしろ」があると考える。インスピをやってきたお陰で、そのような考え方ができるようになりました。

みなさんもぜひ、できないことや苦手なことを書き出してみてください。それがみなさんにとっての可能性であり、挑戦の原動力になるはずです。

―冒険の書42―

可能性は与えられるものではなく、気付くもの

第3章

ピンチとチャンス

―マジでヤベー。何とかしなきゃ―

最大の危機

ギネスに挑戦した２００９年、世界一（たぶん）試合を開催するインスピの業績は絶好調！　なはずでした。増田君の鼻も高々。「このまま上場だ〜！」なんて言っちゃったりして。調子ノリノリ全開で日々を過ごしていました。このまま大成功を収めて、毎日テニスして、美女にモテモテの人生が待っているもんだとばかり思っていました。

はい、そんなに甘いはずがありません。インスピ始まって以来、最大の危機が訪れます！

いったん上げて落とすパターンが定着しつつあります。全然うれしくありません（笑）

ＦＣで契約していたテニスクラブやボランティアスタッフへのクレームが多発しました。

当時、法人化したとはいえ、役員は代表の僕のみ。社員スタッフはいませんでした。主に、サークル「zero」時代の仲間がボランティアスタッフとして、大会運営を担当。ボランティアスタッフは、無料で試合に参加しながら、運営をしてもらっていました。

でも、自分の試合をしながら運営をするのはとても大変です。自分の試合中にほかの試合が終わっても中々気付くことができません。運営マニュアルも十分にできていたわけではなく、サービスとして提供できるレベルではありませんでした。僕が一番大切にしていたはずの、お客様との豊かな関りが失われていったのです。

―冒険の書43―
プレイヤーとマネージャーとの両立はかなり難しい

ルール化していく

2005年に創業し、こつこつと一人でやってきました。そして拡大を試みた2009年、それまでのルールでは通用しなくなっていました。というかルールなんてなかったのかもしれません。僕の裁量でその都度対応、その都度コミュニケーションで何とかしてきていたので、僕以外のスタッフが運営をしようとしたら違いが出てきてしまって当然ですよね。ピンチになってそのことに気付くくらい手探り、まさぐりで進んできていました。

遅刻問題は当時ルール化しなければならない問題たちの中でも優先度の高いものでした。インスピは、先にも書いたように、かなりわかりにくい場所にあります。また、クルマで来るお客様が多いので、朝の時間帯等は渋滞する道路状況にも影響を受けます。それもあって、当初は遅刻をしても事前に連絡をくれればＯＫにしていました。僕が一人でやっていればこそのルールでした。

しかし、試合会場が増えてくるとそうはいきません。大宮けんぽグラウンドにしても、ほかのテニスクラブにしても時間単位でお借りしています。遅刻を許容していると、時間内にすべての試合が終わらない可能性が出てきます。インスピは最低3試合できることが売りです。遅刻は、サービスをきちんと提供できないリスクがありました。

さらに、市民大会等の公式試合は遅刻は許されません。インスピの試合は公式試合の練習という位置づけなので、遅刻への対応も公式試合と同じルールの方が良いのではないかと考えました。そして遅刻のルールが作成されました。その内容は…

「開始時刻にたとえ1分でも遅れたら失格。ただしエキシビションの試合を保障する」

という厳しいルールにしました。アットホームな雰囲気を大切にしていたので心苦しさもありましたが、あえて厳しくしました。このルールは現在も変わりません。

しかし、ボランティアスタッフの中には知り合い等に対して温情で遅刻OKにしてしまう事態が起こったのです。

「あの会場は遅刻OKで、なぜここはダメなんだ！」

「スタッフの友達だからOKなのか？」

「不公平だろう！」

クレームの嵐が吹き荒れました。


— 冒険の書44 —

みんなで進むためには、進むための仕組みが必要

インスピが潰れるかも

お客様は増えていました。売り上げも伸びていました。だからとにかく拡大したくてＦＣを始めました。でも、ＦＣ用のマニュアルはほとんど作っていませんでした。当時何をしていたのか思い出せないほど、いろいろやり過ぎて管理できなくなっていました。

僕個人の感覚でやる経営の限界でした。そして、お客様からもボランティアスタッフからもＦＣからもクレームの嵐。インスピはどんどん危機的な状況になっていきました。

原因はなんだろう？　いろいろあったとは思いますが…

最大の原因は、会社としての仕組みがまったく無かったことではないかと思っています。創業場所であるインスピのコートのみでこじんまりと運営するなら、それでも良かったのかもしれません。会場には常に自分がいるし、そこで起こったことはすべて自分で対処できます。お客様によって対応がブレることもないし、対処するスピードも速いです。

しかし、自分は拡大路線を選びました。ＦＣも始めました。自分だけでは手が回らなくなりました。その分を人に頼むなら仕組みが必要です。そして、経営者である自分の価値観をスタッフと共有するべきでした。それをしなかったのですから、クレームの嵐になるのも自然の摂理みたいなものでした。そりゃそうだよね、ってことです。

もう自分一人では限界でした。僕には仲間が必要でした。一緒にインスピという船を動かす仲間が。そして、自分自身が人として成長しなければなりませんでした。

いまの自分のままでは通用しない。

インスピが潰れそうなとき、そのことに気付きました。

―冒険の書45―

やりたいことを大きくするには、
自分の器を大きくしていこう

3カ月の休業

危機に直面して、「もう無理、会場を減らそう。またイチから始めたっていいじゃないか」。そんなことも考えていました。でも、このまま終わりたくないという気持ちもありました。いろいろな決断が迫っていた僕に新しい出会いが訪れました。山田一広と石井智明です。この二人を役員と社員としてインスピに招き入れることにしました。

まず、山田君はインスピの試合に参加していたお客様で、試合会場で仲良くなって話すうちに、経営コンサルタントだと知りました。以前勤めていた会社からもコンサルタントの依頼があったと聞いて優秀だなと。当時26歳で同い年でした。

僕はマネジメントできる人材を求めていました。まさに山田君のような人材です。試合に来た彼に声をかけました。いま、こんな感じで困っていると。彼は力を貸しますと約束してくれました。

そして、もう一つ重大な決断をしました。3カ月の休業です。インスピを立て直すのには、いったん通常業務から離れて、山田君と一緒に本気で取り組む必要があったからです。

彼はインスピについて、ビジネスモデル的にはいいのにもったいない、何も仕組みがないと分析していました。そこでまず取り組んだのが業務マニュアルの作成です。例えば、

・運営開始のルール↓受付終了5分前から必ず声をかけるようにしよう。受付終了5分前です、4分前です、3分前です…

・雨天中止の返金ルール↓現地まで来て1試合もできなかったら全額返金、交通費の代わりに割引チケットを進呈

・キャンセル料の管理↓別途専用の口座を開設

…等々、こうしてやるべき作業を書き出していきました。

山田君と徹夜作業です。ToDoリストは150を超えました。これを一つ一つ潰していく。気が遠くなる作業です。社会人としてのスキルが高い山田君のお陰で、だんだんインスピの仕組みができてきました。仕組みができれば、誰が運営してもある程度同水準のサービスを提供できます。会場を減らさずに再開できるかもとの希望が見えてきました。

本当に怒涛の3カ月でした。二人とも徹夜の合間に気絶するように寝ていました。僕は

決まって、「本当に山田君には足を向けて寝れないな〜」と言っていました。そして気絶。足はしっかり山田君を指してました。いまでも山田君にネタにされます。

―冒険の書46―
時には、頭のネジをぶっ飛ばして仕事だけに全力投球しよう

一人より二人、二人より三人がいい

山田君は当時を振り返って、こう言います。
「インスピの試合に来ていて、増田さんから休業するという話を聞きました。インスピはベンチャー企業。設立からまだ4年目で、成長過程にある。インスピは、毎日試合を開催

しているからこそ革新的であり、新しいビジネスモデルになり得る。それなのに休業するというのは、会社としての死を表していると思った。あっ、終わったなと。おそらく、よほどのことがあったに違いない。心配になって、どうしたの？ 何があったの？ と増田さんに話しをしたのがインスピに入るきっかけでした」

山田君はそれまで、インスピのオープン大会によく出てくれていました。年齢も同じで意気投合して、空いているコートを使って一緒に大会やりたいね、という話もしていました。

「インスピの試合に出ていて、インスピの活動はすごくいいなと感じていました。増田さんから、インスピの内部がだいぶごちゃごちゃで、一度休んで整理しないとこの後やっていけないと思うんだ、という話を聞いて、ああ、そういう状況なんだと」

正直なところ、インスピは経営というものをまったく知らない僕が勢いで始めた会社。僕はテニスとコミュニケーションで成長してきましたが経営は未熟でした。山田君と出会えて僕は本当に運がいいです。

そして、もう一人、石井君。

ちなみに彼も頭のネジはぶっとびぎみです。出会いは彼が学生のとき。僕が出場していた試合に彼も出ていて、自分の大学でも試合を開催したいと相談されて、一緒に大会を企画してからの縁になります。

そのころから「テニス村」をつくってみたい、なんておもしろいこと言ってる変なやつでした。まぁ、自分から一緒にテニスの大会をやってみたいと僕に話に来るくらいですからね。僕のムチャぶりにも喜んで対応してくれました。

彼が新入社員として入社することを決めたとき、インスピはちょうど休業するときでした。一歩間違えたら倒産するかもしれない会社に「夢」と「可能性」のみで飛び込んできました。もしかしたら僕以上のバ◯かもしれませんね。

インスピが生きるか死ぬかのときに、僕は二人の仲間を得たのです。

─冒険の書47─

苦しいときに自分の周りにいる人が
本当の仲間なのかもしれない

再開

２００９年9月、インスピを休業。その後3カ月間、山田君と必死にインスピの改善に取り組みました。それまでのやり方を一つ一つ見直していきました。経費の見直しも徹底的に行ないました。それまではかなりの丼ぶり勘定でした。増田の丼ぶり勘定ほど危険な計算機はありません。自分でもよくわかっていない領収証が出てきたこともありました。本当に一つずつ丁寧に見直しを行なっていきました。

そして同年の12月に試合の運営を再開しました。これまでインスピに来ていたお客様が、休業で離れてしまったのではないかとの不安はありました。しかし、再開してからの売り上げは、休業前をはるかに超え、月２００万円に迫るようになったのです。

この結果が出て、つくづく思いました。仕事ってちゃんとやり方があって、仕事ができるとこんなに成果が出るんだと。自分のやり方だけでは突破できない壁を、新しい仲間が加わったことで突破することができたのです。

―冒険の書48―

どんなことにもツボとコツは存在する

インスピの顔を見直す

インスピの顔は大会を運営するスタッフ。お客様にインスピを感じてもらったり、インスピを伝えていける唯一の存在がスタッフです。それまでのボランティアスタッフでの運営をやめて、社員スタッフやアルバイトスタッフを雇って、お互いに責任感を持って運営をしていこうと方針を固めました。スタッフ教育にも力を入れていくことにしました。

インスピが休業から再開してしばらくは、ボランティアの方々に引き続き大会運営を手伝ってもらっていました。その数、20名ほど。サークル時代からの知り合いや、インスピの試合に来ていて仲良くなったお客様も含まれていました。みなさん、インスピの創成期を支えてくれた人たちです。しかし、これからは運営をボランティアからアルバイトに切り替えて、スタッフ教育に力を入れていくという方針が決まった以上、早く発表しなくてはなりません。そこで、渋谷の会議室を借りて、ボランティアの方々に集まってもらい、説明会を開きました。2割ぐらいの方は同意してくれました。そのままアルバイトとして残ってくれた方もいます。覚悟はしていましたが、「なんで？　あれだけ手伝ったのに」「自分たちがインスピの顔なのに」との非難も出ました。ここを乗り切ったのが、インスピの転機となりました。

アルバイトスタッフを採用するにあたって、初めて面接を行ないました。その当時は、面接に来た人が、お酒を一緒に飲みに行けそうなら採用。つまり、友だちになれそうな人をアルバイトスタッフとして求めていました。

現在はアルバイトスタッフの採用に際しては、10個ほどのチェック項目を設けています。例えば、人に興味を持って質問をしてくる人かどうか。ほかには、テニスの試合に出たことがあるかどうか、インスピが好きかどうか、インスピのどこが良いと思うか、相手の立場に立てるか、仕事が好きか、本音を話せるか、などの項目です。
採用した中で、インスピを好きな理由として、低価格でたくさん試合ができるという仕組みをあげた人も何人かいました。しかし、すぐやめてしまう傾向があったように思います。インスピの雰囲気が好き、スタッフが好きと言う人が長く働いてくれました。

― 冒険の書49 ―
あなたのセールスポイントは何ですか？

売り上げの最大化

山田君という強力な助っ人を得たインスピは、マーケティングも学び始めます。彼が提案したのは売り上げが最大になる試合の組み方でした。

まずは「時間」です。それまでは午前大会、午後大会とざっくり分けていましたし、コートの面数に対する参加人数もざっくりと決めていました。

山田君が入ってからは、コート面数が何面で時間が何時間だと、最大何人まで参加者を募集できるのか？　のデータを徹底的にとって、効率よく試合を回して、お客様も満足して帰ってもらえるような時間設定に変化させていきました。そして、1日コートをフル活用して売り上げの最大化を目指していきました。

次に見直したのが大会の「種目」。インスピの試合会場は約20カ所で、埼玉県内に点在しています。それを4つのエリアに分けて、1つのエリアの中にある複数の会場で同じ種目が重複しないように心がけています。シングルスとダブルスの大会数のバランスにも気を付けています。それぞれの種目で出場者数が大きく異なるためです。こうした試合の組み方のコツも、会場が増えたからこそ見えてきたことです。ここも、膨大な大会数のデータの蓄積と見直し、改善をしながら良いものに変えていきました。

山田くんが天才的なのは、「いまあるもの」の価値を最大化する方法を発見できること。

その一つが「早朝大会」で、それまで朝8時から開催していた男子シングルスを、土・日の朝6時からも開催することにしたのです。せっかくの休日に、果たして早朝から来てくれるのか不安もありましたが杞憂《きゆう》でした。予想を超えた反響を頂き、現在まで続く人気種目になっています。

— 冒険の書50 —

当たり前を見直して
改善することって
簡単なようで難しい

年末年始こそ、大会を増やす

年末年始は通常、テニスクラブも公営のコートもお休みです。そんなときこそインスピは大会を増やします。本格的に増やしたのが2009年から2010年にかけて。それまでも年末年始に大会はやっていましたが、山田君と石井君の加入で、よし！　年末年始に重点的に増やそうと考えました。インスピにコートを貸してくれていたテニスクラブさんと交渉し、年末年始も使わせてくれる会場で大会を開催するとどこも満員。大盛況の大会になったのです。

大晦日に「今年もお世話になりました、来年もよろしくお願いいたします」。そう言葉をかわしたお客様と元旦にまたお会いして「今年もよろしく」（笑）。年末年始でもテニスがしたいお客様と年末年始ぐらい休みたいテニスクラブのメリットが合致しました!!　また、年末年始でうれしいのが、帰省するお客様が毎回参加してくれること。転職や転勤で離れても、インスピのことを覚えてくれているのです。

年始の大会には、石川、富山、長野、群馬、茨城、宮城、北海道など、様々な県外から帰省中の方が数多く参加されます。

「毎年、元旦から大会やってくれてありがとうございます！」

「お陰で、帰省したときの恒例行事になってるよ〜」

こんな風にお客様から言われると、思わず笑みが溢《あふ》れます。インスピを続けてきてよかったなと。1年365日、悪天候で中止になる場合以外は、年末年始も休まず大会を続けてきました。インスピがいつもひらかれている場所だから、お客様はお正月やお盆に帰ってこられます。遠く離れてしまったお客様と、年に1度でもまた会えるのは、インスピという場所をつくったからもたらされたご褒美《ほうび》です。

―冒険の書51―

誰かの特別になれるって本当に素晴らしい

心を込めて返金する

大会運営で悩ましいのが雨の日問題。室内のテニスクラブでは天候に左右されずに大会や講座を開催できますが、インスピが借りているのは、ほとんどが屋外のテニスコートなので雨の場合は中止になります。ただ、砂入り人工芝コートの場合には、雨がやめば使えるので、雨が降ったりやんだりの天気予報の日は難しい判断を迫られます。インスピには遠方からの参加者も多く、細心の注意を払って開催判断をしていますが、それでも試合途中で雨になってしまい、中止にせざるを得ない場合もあります。

現在の大会参加費が3500円のシングルスの場合、1試合もできなかったら全額返金、1試合だけの場合や2試合できた場合は試合数に応じて次回参加時に使える割引チケットをお渡ししています。わざわざ来て頂いたのに1試合もできない場合は、せめてものお詫びの気持ちを表すために、交通費として500円チケットも添えています。

天気は気まぐれで変化が激しいです。そう、それはまるで女心のように。天気での大会中止は本当にお客様の心を沈めてしまいます。お客様が心変わりしてしまわないように、インスピにまた来て頂けるように、雨天時の対応は丁寧に行なっています。

— 冒険の書52 —

ピンチの時の対応が一生のファンをつくる可能性がある

お客様に寄り添うために

みなさん、『本番』って緊張しませんか？　それがどんな事柄だったとしても。やっぱり、練習と本番って違うと思うんです。インスピを始めたきっかけですね。インスピは『試合』っていう『本番』に近い環境を提供しています。スタッフにもそこは意識してほしいし、常に『本番』をお客様に提供しているんだと思っていてほしいのです。

そして、スタッフにも緊張感を味わえる場を設けています。それがスタッフ出場試合という大会です。僕や石井君の出場試合もありますし、スタッフが増えてからは、全日本選手権を目指す石村勇気君や、石塚翼コーチ、池田将晃君、佐藤可奈さんが出ます。外部の契約コーチの出場試合もあります。

スタッフの出場試合は、集客力が弱い曜日や時間帯に入れています。試合のダイジェストをYouTubeで配信してファンを増やす取り組みも行なっています。スタッフ出場試合の最大の目的は、スタッフ自身が試合経験を積むことでお客様に寄り添えるようになること。そしてスタッフ出場試合は…想像の5倍緊張します（笑）

試合に出場するスタッフにはこう伝えています。「自分が勝つためだけの試合をするのはやめてね。負けてもいいから、何かチャレンジをしようね」と。

―冒険の書53―

日々チャレンジが溢《あふ》れる会社にしていきたい

本部コートをリニューアル

2017年2月、ついにインスピ本部のコートがそれまでのハードコートから砂入り人工芝のコートに生まれ変わりました。ハードコートというのはアスファルトなどの硬い素材、砂入り人工芝は人工芝に砂浜みたいな砂が撒《ま》かれているコートです。

なぜ変更することに踏み切ったかというとハードコートは雨に弱いコートなのです。試合中に雨が降ってきたらすぐに中断になるし、雨があがってからもコート整備が必要になります。これがかなり大変。一人で整備しているスタッフを見かねて、お客様が手伝ってくれるほどです。また、試合開始の時刻には雨があがる予報でも、それまでの雨量次第で、コート整備をしても使えないこともあります。本部がハードコート時代は、夜に雨が降ると、事前にコートの状況を確認して試合ができるかどうかの判断をしており、スタッフに大きな負担がかかっていました。

インスピの大会が雨で中止になる場合は、2時間前までにＨＰのお知らせに掲載をして参加者に知らせるルールになっています。例えば、朝8時開始の大会だと、その2時間前までに大会を開催にするのか、中止にするのか、HPで告知をしなければなりません。すると、スタッフがコートを確認するのは5時30分になります。早いです。とても早いです。とてもとても早いです。冬場なんてまだ真っ暗です。

さらに大変なのは前日に雨が降ったけど、大会当日は晴れの予報のときです。3時30分とか4時とかにスタッフが現地に行って、ドライヤーやタオルを何本も持って必死で乾かします。もはや朝ではなく、深夜です。

創業当時、僕はひたすら気合いで乗り切っていました。アニマル◯◯さんが憑依《ひょうい》したくらいの気合いで現地に向かっていました。「気合いだ！　気合いだ！　気合いだ！」と声に出しながら向かっていました。

しかし、スタッフみんなをアニマル化することはできませんでした。僕の野生の血を輸血しようと試みたんですが……嘘です。会社としてそんなことをいっている場合ではなくなっていました。

砂入り人工芝のコートにリニューアルしたことで、スタッフが自宅で天気予報をみて大会判断ができるようになりました。砂入り人工芝なら夜に雨が降っても朝までにやめば試合ができます。お客様は試合ができて良いし、スタッフの働き方も良くなるし、インスピの収益も安定します。まさに三方良し！　こうして、スタッフのアニマル化は無事阻止されました。

インスピ創業のコートであり、10年以上お世話になった本部のハードコート。工事に入る前日には感謝を込めて打ち収めをしました。

―冒険の書54―

気合で乗り切るのをやめることも大切ですよね

未来への投資

インスピのハードコートを砂入り人工芝コートにリニューアルするためには、やはりそれなりの投資が必要になりました。コートは3面あります。それをすべて砂入り人工芝にするのにかかったのは1面当たり500万円超。そんな大金ありません！　頭金を入れて分割払いにしてもらい、最近やっと支払いが終わりました。

インスピが始まったころ、ほとんど使われていなかったハードコートはボロボロでした。でも、掃除して手作業で補修してよみがえらせました。やっぱり、そこに毎日人が来て、ちゃんと手入れして、きちんと使ったら、どんな場所だってきれいになるんだと実感しました。リニューアルしたコートもメンテナンスを欠かさず、大切に使っていきます。

―冒険の書55―

メンテナンスは欠かさずに

「講座」という新たな柱

インスピの事業の柱はテニスの試合。その試合と両輪で育ててきたのが「講座」です。講座とは、試合で見つかった課題や苦手なショットを克服するための短期集中の上達プログラムです。

講座を始めたきっかけは、山田君からのこんな質問でした。

「増田さんはそもそもなんで試合に勝てるようになったの?」

僕は試合で勝てなかったころ、練習のし過ぎでした。しかもその練習は試合で生かすことがあまりできない練習で、まさに練習のための練習でした。これではダメだと試合にたくさん出て、試合で出た課題を集中して繰り返しやったら勝てるようになりました。山田君にもそのように答えました。そうしたら、

「それって、いまインスピに来ている参加者も知りたいんじゃない?」(山田君)

「なるほど〜〜」(増田君)

こんなやり取りから講座は生まれました。僕が試合に勝てるようになった経験をお客様にも共有してもらおうという取り組みです。

講座は、試合でできなかった自分のテニスの苦手なところにダイレクトにアプローチして克服していけるようなプログラムです。コーチと一対一の時間もあり、自分の課題についての相談ができるようにもしました。

講座は『地味』です。同じことを繰り返し練習していきます。あえて『地味』な講座を作ったのは、繰り返し反復練習を行なうことで、意識しなくてもそのショットを自然に反応して打てるようになるからです。試合でうまくいかないのは、反応レベルのショットになっていない可能性が考えられます。必要なことは繰り返し反復して、できるようになるまで同じ練習をすることが大切だと思ったからでした。

講座が始まった当初は僕が一人で担当していました。試合の運営もあるので、僕一人だとがんばっても月に数度しか講座を開催できません。あくまで試合がメインで、講座はどうしても単発のイベントのような感じでした。いまは、試合の課題を解決するための講座を定期的に開催できる環境が整っています。それはやはり、２０１８年のトマトインドアテニスクラブとの契約が大きかったです。トマトの夜の時間帯はすべて講座です。講座の拠点を作ることができて、「試合」と「講座」をセットにしてお客様に提供することができるようになりました。

―冒険の書56―
習慣化するには繰り返し反復しかない！

新コーチの加入で、講座が成長

試合だけから、試合と講座をセットにした事業へ。その展開が可能になったのは、トマトインドアという拠点の確保に加え、石塚 翼という新しいスタッフの加入です。

彼のコーチング力はすごいです。限られた時間の中で打ち方を教えて、修正の感覚を伝えられるので、参加者はすぐに成果が出るようになります。

彼は「日本全国のテニスに悩む人たちの時間を短縮したい、インスピは自分の壮大な実験の場になる」と言います。彼は毎日試合のことだけ考えています。その姿勢、コーチングを社内で共有したいと思いました。僕自身のテニスも彼の講座で学んで良くなりました。だから彼に講座の統括を任せて、自分は引くことにしたのです。正直、僕が教えるよりも何倍も成果が出ると思いました。

彼のお陰で自分ができないことを自分で認識できて良かったです。

— 冒険の書57 —

自分よりも上手にできる人がいたら、任せちゃった方がいい

台風被害からの復旧

２０１９年の台風19号は各地に甚大な被害をもたらしました。河川敷にあるインスピは完全に水没しました。インスピ立ち上げの翌年、２００６年にも水没しましたが、そのときは試合会場がインスピだけだったので集中的に作業して早く再開できました。しかし、２０１９年は試合会場が増えており、その運営と並行してインスピの復旧作業を進めるのが大変でした。

インスピの復旧に際して、多くの方々から寄付を頂きました。被害のなかった試合会場の募金箱に入れてくれた方、スタッフに封筒で手渡してくれた方、振り込んでくれた方。たくさんの方々が募金してくださいました。本当にありがとうございました。

ボランティアの方々にも助けて頂きました。ボランティアの募集をYouTubeで告知して、コート状況を毎日レポートしていました。それを見て、コート整備に来てくれた方、かけつけてくれたテニス事業関係者の方、ホースや貯水槽を貸してくれた方、本当にありがとうございます。

1日でも早いコート復旧のため、インスピスタッフがボランティアの方々と一緒に、コートに溜まった泥をデッキブラシで取り除く日々。台風被害に合う前、インスピはハードコートから砂入り人工芝コートに生まれ変わっていました。砂入り人工芝はその構造上、川から溢れたヘドロが中に入り込んでしまいました。これが中々取れないのです。コートの30cm幅のヘドロを取り除くのに2時間かかりました。毎日ひたすら続けました。

まさにスタッフとボランティアのお客様との共同作業です。普段は試合の運営でお客様と接しているスタッフも、これだけ密にお客様と同じ時間を共有したのは初めてでした。この経験がスタッフの成長につながったし、お客様との距離感も縮まったように思います。

本部コートの営業を再開できた後、あるお客様からこんなことを言われました。

「インスピさんてすごいよね。寄付は集まるし、ボランティアも毎日来てくれる。それだけ、参加しているみんなにとって大切な場所ってことだよ。そう、守りたい場所。増田さん、インスピ始めたころ、1大会で1500円とか2000円しかとらなかったじゃない。それで3試合もやらせてくれた。ないよ、そんなところ。増田さんはお客さんに貯金したんだよ。ずっと積み立ててきた。その分が、今回返ってきたんだよ」
みなさんの「恩」に感謝し、これからも「縁」を大切にしていきたいと思います。

―冒険の書58―
すべての物事に恩を感じて、
すべての縁を大切にする

ホームページを改善

2022年、インスピはHP（ホームページ）を刷新しました。既存のシステムが限界になったからです。インスピのHPは、当初、試合に来ていたお客様の協力を得て作成しました。当時は大会の予約システムなんてものは世の中になく、また自社で作るお金もなかったので、無料のいろいろな機能をつなぎあわせて大会のエントリーをできるようにしていました。そのため、1度に大量の申し込みがくるとHPはフリーズ状態でした。

インスピは毎月15日の22時から、翌月の大会の申し込みを開始しています。ありがたいことに、毎月15日の22時に申し込みが殺到しています。はい、フリーズ不可避でございます。お客様には多大なるご迷惑をおかけしておりました。

「大会申し込むのに、30分とか1時間とかかかったよ〜」とお客様に言われるたびに胸を締め付けられておりました。

また、旧HPの管理は、スタッフにも多大な負担をかけていました。その最たる例が「キャンセル処理」です。インスピの知名度が徐々にあがり、集客力への高評価を頂くようになって、試合会場も増えていきました。出場者の数も当初とは比べ物にならない規模になり、それに伴って大会キャンセルの数も増加していました。その数、一日およそ50〜60件。旧システムでは、お客様からキャンセルのメールが入ると、手作業でスタッフが処理をしていました。

手作業だと1件の処理にかかるのは4分ほど。キャンセル処理だけで毎日4時間近くかかる計算になります。これはかなりの負担です。インスピのキャンセルルールは大会当日の1週間前までに連絡を頂ければ無料、それ以降は実費を振り込んで頂いています。特にキャンセルが集中する時期には処理が追い付かず、HP上は満員なのに、実際はまだ空きがあるという事態も。お客様からもキャンセルしたのに申し込み履歴から消えていないという問い合わせが入りました。これは売り上げに直結する問題で、お客様の信頼も損なってしまいます。もう待ったなしでした。

そして2022年2月、インスピのHPは新しく生まれ変わりました。正直、かなりお金もかかりました。清水の舞台から片足出すくらいの覚悟は必要でしたが、みんなのためにとがんばりました。うん、増田社長はがんばったんだぞ。みんな、もっとほめてね！

いまのHPは本当にスムーズです。いろいろな問題が解決されて使いやすくなっています。本当に使いやすいので、みなさん一度覗いてみて、その勢いで試合に申し込んじゃってください！

ー冒険の書59ー

時代の流れって本当に速い！
ものすごいスピードで世界は動いているらしいです

コロナ禍で

２０２０年に始まったコロナ禍。もちろんインスピも例に漏れず大打撃を受けました。休業、キャンセル料金無料期間の設定…等々。

特に戸惑ったのが、お客様とのコミュニケーションです。インスピは試合をする場所であり、試合の課題を解決する場所。課題の解決にはスタッフからのアドバイスが有効ですし、とても大切にしてきました。それがコロナ禍で、できなくなったのです。

僕もスタッフも、お客様とのコミュニケーションにもどかしさがありましたが、感染対策の徹底と大会のスムーズな運営に集中しました。すると、しばらくして見えてきたことがあります。それは、黙々と試合だけをやりたいお客様も少なくない割合でいるということです。

コロナ前までのインスピは、積極的にお客様に話しかけてきました。話しかけて課題を引き出し、解決のお手伝いに努め、ときには講座をご案内していました。それが付加価値だと考えていたからです。だから、運営スタッフにも人間力を求めました。ただ、人間力が高いスタッフを揃えるには、採用にも教育にも時間がかかります。その間、試合会場を増やすことができません。インスピの活動を知ったテニスクラブさんからコートを使いませんかとのオファーも増えましたが、その多くをお断りする状況でした。

一方で、世の中には試合に出たいけれど出られない人たちがまだまだ大勢いて、新たな試合会場を求めています。とにかく試合に飢えている人たちが多いと感じます。

コロナ禍でインスピの大会から会話が消えたとき、僕は自問自答しました。コミュニケーションが大切なのは大前提。しかし、それにこだわるあまり大会を増やせないのは、本当にお客様のためになっているのかと。例えば、全国展開する人気コーヒーチェーンのスタッフは全員が積極的に話しかけるわけではありませんが、とても感じがいいのがベースになっています。インスピも、大会の受付や試合進行をきちんとできて感じがいいレベルをベースに、大会を増やすことも大事なのではと考えるようになりました。

―冒険の書60―

大切にしているものを1度手放して考えることも大切

全国に「試合の文化」を広げるために

あくまでコミュニケーションを重視するか、大会を増やす方向にシフトするか。インスピのジレンマに対する明確な解決策は、まだありません。しかし、これまでのインスピが辿《たど》ってきた成長の過程の中に、ヒントがあるように思います。

まず、ステージ1は低価格で3試合できる大会を始めたこと。ステージ2になると、次第に常連さんが増えてアットホームな雰囲気が生まれました。ステージ3は、スタッフのスキルがあがっていく中で、お客様にアドバイスができるようになった段階。そしてステージ4になると、アドバイスを実践できる講座が加わりました。ここが現在のインスピの立ち位置です。

これから全国にインスピを広げていきたいと考えていますが、いきなりステージ4のインスピを届けられるかと言われると？？？マークが浮かびます。インスピが18年近くかけてステージ1から登ってきたように、いきなりステージ4にいくことはできません。そもそも全国的に見ればテニスの大会はまだまだ少ない。埼玉はインスピが毎日大会を開催していますが、大会がほとんど開催されない地域もあります。そういう地域では、まずステージ1の大会を開催するところから始め、ステージ2の雰囲気がいい大会にする。ここまでなら、アルバイトスタッフの力を借りればできるはずです。

インスピを始めたころ、試合の『味見』をして欲しいと考えていました。受験で言えば『模試』です。インスピは試合の経験を積む場所として始まりました。試合経験を積むとある程度は勝てるようになりますが、8割はそこで成長が止まり、停滞期に入ります。それを乗り越えるために、経験を積んだスタッフの的確なアドバイスや講座での繰り返し反復練習が必要になります。それがステージ3～4の段階です。ステージをあげるためには、まず雰囲気のいい大会を増やすことが必要で、参加者が増えれば、何かのきっかけでステージはあがっていくはず。そんないい循環をつくりたいと考えています。

―冒険の書61―

想いは一歩ずつ伝えていく

インスピにしかできないこと

インスピは、年間のべ６万人ものお客様に来て頂けるようになりました。ここまでこられた要因の一つに、競合がなかったことがあります。一般の方向けの大会を、毎日開催する。それがオンリーワンの強みでした。しかし、ＩＴの発達でテニス大会のポータルサイトができたり、ＳＮＳやYouTubeでファンを増やして大会を開催する動きが出たり、確実に競合も出てきています。それはテニス界の活性化につながるし、インスピにとっても、インスピにしかできないことって何だろうと、自らに問い直す良いきっかけでもあります。

インスピにしかできないこと。それは、やはりお客様が試合で勝てるようになるまでサポートすることです。インスピには試合と講座があり、本気でサポートできる体制が整っています。目指すのは、結果にコミットするテニスクラブ。その実現のためにも、お客様の悩みを引き出すコミュニケーションを磨いていきます。

―冒険の書62―

自分の強みをどんどんかたちにしていこう

山田一広

株式会社インスピリッツ　営業本部長兼取締役　Ｗｅｂコンサルタント

―インタビュー収録―

テニススクールに通い始めて1年くらい経ったとき、仲良くなった方からダブルスの試合に出ませんかと誘われました。それで、出ましょう！　と即答したら驚かれました。「そんなに早く試合に出ますと返事をもらえるとは思わなかったよ。試合に誘うと、みんな最初はえー　とか言うんだよね」。試合に興味のあった私は意気揚々とその方とのダブルスに臨んだのですが、結果は完敗。いわゆるボコボコにされました。でも、楽しかったのです。誘ってくれた人に、また来たいですねと言いました。それから、その人といろいろな大会に出るようになってインスピのことも教えてくれました。それがインスピを知ったきっかけです。

その頃、私は社会人になってからテニスを始めて2年くらいでした。当時は大会自体が少なくて、大会の開催情報を探すのが大変でした。大会があったとしても数が少ないので、初級の大会に出たはずなのに、参加者のほとんどが上級者ということもありました。当時のテニス大会はハードルが高いイメージがあり、テニスが好きでスクールには通っても、試合に出る人は決して多くありませんでした。だから、試合に誘ってくれた人が、私がすぐに出ると答えたのに驚いたのです。

スクールでも大会は開催されています。でも仲間内の練習会みたい。それが物足りなかった私は、外の大会を求めました。インスピにも出て、増田さんに出会いました。そのとき、インスピってすごくいい活動をしている。そう思ったのです。

増田さんとの出会い

増田さんと初めて会ったのは、そのころインスピが大会を運営していた富士見市運動公園のテニスコートだったように記憶しています。確か初級クラスの大会。こんなにいい人っているのかなと思いました。増田さんは私のプレーを見て、アドバイスをしてくれました。

「もっと勝てるようになりたいなら、つなぐことをやめなさい。もっとしっかり打って、ミスしてもいいから自分のテニスをやらないとうまくならない。強い人とやらないとテニスは上達しないから、初級だけじゃなくてもっと上のクラスに出ましょう」

こんなアドバイスを受けたのは初めてでした。この人は、みんなに上達して欲しい、という思いがすごく強いんだなと感じました。それに、当時の大会参加費は１５００円。儲けようとか、楽しようとかを考えている人ではないことがわかりました。

インスピに通うようになると、増田さんも試合に出ていて、テニスがうまいこともわかってきました。それまで、私はテニスが上手で謙虚な人に出会っていませんでした。試合会場に行くと受付にテニスコーチの方がいて、お名前は？　で終わり。名前を呼ばれたら、試合だからそっち入ってとか、きみそこだからとか。中にはすごく横柄な態度の方も。何か質問すると、知らねえよと返されたり。

その人たちは確かにテニスはうまいのでしょう。でも、人としてどうなの？　大会に出ると、そんなもやもやとした気持ちになることも多かったのに、増田さんは違うな、という印象がありました。

インスピというオンリーワンの場所

増田さんは、何かしらのミッションや思いがあってインスピを始めたんだろうなと感じました。試合会場で、いろいろな人にきちんとコミュニケーションをとって、丁寧に接客している。そんな光景はそれまで見たことがありませんでした。

あるとき、増田さんがお客様と電話で話していて、なかなか終わりませんでした。自分なら途中で適当に話を切り上げたくなるくらいの長電話です。やっと終わったなと思ったら、増田さんは、僕の伝え方が悪かったのかな、あまり伝わらなかったと反省していたのです。相手のために一生懸命伝える。その姿勢にちょっと感動しました。

それに、インスピのように低価格で3試合もできる場所は、本当にありませんでした。5000円とか6000円払って大会に出ても、トーナメントだとすぐ負けてしまえば1試合とか2試合で帰る羽目になります。高いお金を払っても、勝てないとたくさん試合はできないところがほとんどだったように思います。

私は、もっと試合に出ないとうまくならないと感じていました。練習だけしていることが悪いというわけではありません。でも、やっぱり何か目標をたてて、それに向かってチャレンジするというのが、すごく重要なんだなと。それを教えてくれたのが増田さんであり、試合経験を積むのに最適な場所がインスピだったのです。

社会貢献につながる仕事をしたい

少し自分の経歴をお話しさせてください。私は、夜間の大学に通っていたので、昼間はベンチャー企業でアルバイトをしていました。当時はフリーター全盛期。社員より成績が良かったら、アルバイトでも課長になれるようなおもしろい会社でした。それで、大学にはほとんど行かずに働いてばかりいました。自分の部署を任されたりしてやりがいがあったからです。

就職活動はしていませんでした。アルバイトをしていたベンチャー企業でそのまま働いて、いずれ起業しようかなと。でもあまりにパソコンのスキルが足りなくて、ちょっとこのままだと、全部一人ではできないと思いました。起業するためには、パソコンとインターネットの仕組みを学ぶ必要があると感じたのです。それで3年で起業する目標を立ててシステムエンジニアとして働き始めました。予定通り3年でやめましたがすぐには起業せず、不動産情報を取り扱う会社に入りました。そこで知り合った不動産会社の社長さんから、「きみなら、うちの問題点を解決できるじゃないか。マネージャー経験もあるし、ウェブの知識もあるし、営業もできる」と誘って頂きました。起業を考えていたこともあり、会社を退職。誘ってくれた不動産会社と経営コンサルタントとして契約を結ぶことになったのです。

そこで、問題が起きないような社内システムを構築しました。定例会には必ず出ていましたが、不動産会社の業務改善がある程度落ち着いてくると、自分の時間ができるようになり、テニスをほぼ毎日のようにやっていました。早くうまくなりたくてインスピにも通いました。

私が根本的に思っているのは、お金を稼ぎたいわけではなく、自分がやっていることが社会貢献につながっているといいな、ということ。コンサルティングをやっていると、けっこういい金額を頂けます。その会社が良くなって、社長さんとか専務さんが喜んでくれることはうれしかったですが、ユーザーがちょっと見えないというか。会社とは関われても、お客様と直接関われないのに物足りなさがありました。

では、自分がお客様と直接関わる側にまわったらどうかと考えました。例えば、美容室なら、接客が良くなったらお客様が喜んでくれます。不動産会社なら、売主さんや買主さん、貸主さんや借主さんといったお客様に喜んでもらえる実感は得られるかもしれません。ただ、それが社会貢献につながっているかと言うと…　クエスチョンマークが自分の中で出てしまったのです。かといってコンサルタントを仕事として一生続けていくのは現実的ではないと思いました。自分のほかにも同じようなコンサルティングができる人はたくさんいます。頭の中がもやもやしていて、いまの自分自身に納得できない部分があったのです。社会貢献につながること、誰かに変化を与えるようなことをしたい。日々そんなことを漠然《ばくぜん》と考えていました。

誰も損をしない、それがインスピだった

自分の将来を模索していたとき、出会ったのがインスピであり、増田さんでした。インスピは低価格で大会を開催して、一般のお客様のテニスの上達に貢献している。それで困る人はだれもいない。インスピに関わる誰もが損をしていない。社会にとってすごく意義のある仕組みだと感じました。損をしないのは、テニスコートの所有者も同じです。インスピにテニスコートを貸す所有者は、インスピの参加費が安いので、それほど多くの収益は期待できません。でも、使っていないコートがいっぱいある中で、インスピがそこを使うとなったら喜ばれる所有者の方は少なくないはずです。

インスピは埼玉という限られた地域で活動している小さな会社。でも、増田さんがやっていることは、まだ小さい規模かもしれないけれど、テニス界にとってとても良いことなのじゃないかと。きっと良い影響を与えていくとの確信がありました。自分がインスピに関わることで、テニスの試合に出る人がもっと増えたらいいなと思ったのです。

インスピをもっと広げることで、スタッフが増えて会場も増える。会場が増えて、みん

なの家の近くでも試合ができるようになれば、いまより気軽に参加できるし、試合に出ればば出るほどテニスがうまくなる人が増える。テニスがうまくなればテニスがもっと楽しくなる。みんなのテニスに良い変化が出るのではないかなと。だからインスピの経営に参加したのです。この先どうなるか、やってみなければわからない。失敗するかもしれない。でも、休業を決めるほど苦しんでいる増田さんの力になりたかった。私はやっと自分自身が本気で向き合える仕事を見つけたのです。それがインスピでした。

休業で危機を乗り越える

私が27歳のとき、インスピの経営を手伝うことになりました。増田さんからはインスピに入ったらテニスいっぱいできるよ！　と言われていました。でも、実際に入ってみると忙し過ぎて、まったくできませんでした。増田さんに、「あれっ、試合もできるという話だったよね？」と聞くと「そうだったかな〜」と。まんまと騙されました（笑）

２００９年の9月、インスピは3カ月の休業に入ります。インスピは、すごくいいことをしている。低価格で3試合を保証して、みんなで上達していこう！　とのモチベーションも与えている。インスピという場所は、みんなにとってすごくハッピーだとの確信がありました。そんな場所を失うわけにはいきません。休業の間に絶対に立て直すと気合が入っていました。

ただ、実際にインスピの中に入ってみると、おお、これは大変かもという状況が見えてきました。当時は、まだ不動産会社などのコンサルティングもやっていましたが、これはインスピに専念しないとダメだと。取引先に、「ちょっと大変そうな案件があるので休んでいいですか、カンヅメになるかもしれないので」と伝えると「カンヅメ？　何があったの？」と驚いていました。

インスピに専念して、いざ蓋を開けてみると、ドキュメントがあまりにも少なく、書類関係とか経費関係がめちゃくちゃでした。税理士さんに渡している書類にも間違いが多い。ちょっとこれはまずいなと焦りました。

やることは山ほどありました。例えば、出ていくお金と入ってくるお金の整理。あと、ボランティアスタッフは誰がいて、シフトとか業務形態はどうなっているかを確認しました。増田さんに、業務の全体像を把握したいので、組織図とかありますか？　と聞くと、翌日「徹夜で書いてきたよ～」と明るく渡されました。そこには、手書きのかなりざっくりとした図が。さっぱりわからないので、口頭で一から説明をしてもらいました。

150を超えた、やるべき作業

やることが山ほどあるのはわかるのですが、やるべきことの全体像が見えませんでした。そこで、やるべきことを整理することに。増田さんと一緒に Todo リストをつくってみると、その数はなんと150あまりにもなりました。果たして3カ月で終わるのか？　でもやるしかありません。優先度の高いものからやっていってあっという間に3カ月が過ぎた感じです。やることをひたすら潰していく中で、私はひそかな目論見《もくろみ》がありました。休業明けに、過去最高の売上をたたき出してやろうと。そして、それは現実のものとなります。

特に重視したのが、経営の会計をクリアにすること。当時は、すでにインスピは、テニスが好きな方、試合に出たい方がたくさん集まる場所になっていました。人が集まっていれば儲かっているように見えるので、いろんな人が寄ってきます。なんだこれは？　という支出がいっぱいありました。これは何かのイベントのときかな？　とか、よくわからない領収書が出てきたりとか。そうした訳のわからないお金が出ていくのを止めないと、参加費が安いので、実際に手元に残るお金はほとんどなかったのです。

インスピのビジネスモデルは低価格でなりたっていました。ほかの会社なら10万くらい不明瞭なお金があってもなんとかなるかもしれません。でも、10万の利益をあげるのがすごく大変な会社がインスピです。少額でも不明瞭な支出はなくしていきました。

休業中の３カ月間は本当に大変でした。ほぼ満足に寝られませんでした。それでも乗り切れたのは、増田さんと私が若かったこともありますが、やっぱりインスピはいいことをしている会社なんだという信念が根底にあったからです。

運営スタッフという課題

休業期間の３カ月が終わろうとしていました。私は増田さんの思いをヒアリングしたいとお願いしました。今後の経営方針を打ち出すために、増田さんがどうしていきたいのかを聞きたかったのです。私は増田さんの進む道を助けたい、増田さんのやりたいことを助けたいという思いを伝えました。ヒアリングを終えて、増田さんは本当に人のためを考えていることがわかりました。良い方向に進んでいける、そう確信しました。

このころ、増田さんとよく一緒に泊まり込みで仕事をしたのを覚えています。夜中に増田さんから、「山田くんには、足を向けて寝られないな」と言われてしばらくすると、こちらに足を向けて爆睡している（笑）。とにかく同じ時間を目一杯共有した時期でした。

インスピを再開するにあたり、クリアすべき大きな課題がありました。それは、運営スタッフの育成。まだ私がインスピに入る前、参加者としてインスピの試合に出ていたころ、増田さんが運営のときはいいのですが、ボランティアスタッフの運営の時は、わりと問題がおきている印象がありました。ボランティアの人が運営だと、遅刻してもOKにしたりとか、何か質問をされたときに、ボランティアだからわからないですと答えたりとか。それがクレームにつながっていました。

インスピも大会である以上、遅刻したら本戦には入れないのがルール。ボランティアの方がその時の気分で遅刻者を入れてしまったりすると、なんであの人はＯＫなのに自分はダメなのかと、不公平感が出てしまいます。参加者として見ていて、ボランティアで運営をしてくれているのに文句は言えない、という事情があるんだろうなと。その辺が甘いというか、そういうところがなくなれば、インスピはもっと良くなると思いました。

私が経営コンサルタントだったころ担当した不動産会社や美容室、飲食店は、事業自体はうまくいっているけれど社内に問題を抱えているケースが少なくありませんでした。社長の意図が伝わらないとか、組織になっていなかったりとか。それをコンサルした経験がインスピでも生かせると考えたのです。

インスピの運営体制に課題があることはわかりました。ボランティアに頼るのではなく、社員を採用する必要がありました。ここで救世主が現れます。石井智明君が社員として入ってくれたのです。石井君、そして私も大会運営にまわりました。徹夜明けでなんとか会場に着くと、増田さんから参加者が少ないから試合に出て欲しいとの指令が。相手は筋骨隆々の消防士の方。私の本能が、これはやばいと。その場でかたまってしまいました…

安くておいしいラーメン屋さんを目指した

安くておいしいは最強だと思います。６００円でおいしいラーメン屋さんがあったら、みんな並ぶでしょう。インスピをそういうお店にしたい、そして、他ができないことをやろうと思いました。テニスはうまいけれど横柄な人や意地の悪いスタッフ。インスピをそういう人たちがいる会社にしたくありまんでした。社員やアルバイトを雇って、接客がいいスタッフ、アドバイスができるスタッフを育てようと。それは増田さんと共通の思いでした。低価格で3試合できて、感じのいいスタッフからアドバイスももらえて、気持ちよく帰れたら、お客様はまた来てくれる。インスピは安くておいしいラーメン屋。これが、私の中でのコンセプトでした。

インスピの魅力の一つは低価格。でも、価格だけで勝負してしまうと、価格競争に巻き込まれてしまいます。そうなると大きい資本のところには勝てません。大切なのは、インスピのスタッフが好きで来てくれるお客様を増やすこと。インスピを、そこに来たら何かが変わると思ってもらえる場所にすることでした。

ボランティアの方々もすごくがんばってくれていたので、運営から外れてほしいとお願いしたときはつらかったです。ボランティアはみなさん社会人で40代や50代が中心でした。当時、増田さんと私は27歳。私たちよりはるかに経験豊富な方々に、接客を教育するというのは現実的ではなかったのです。

増田さんと、これからの方針を決めました。ボランティアに頼るのはやめて、大学生アルバイトとか、石井君みたいなやる気のある若者を社員で採用しよう。そういうスタッフを揃えて、お客さんに変化が起きるような大会にしようと。

これによって、お客様の満足度が格段にあがったように思います。それはリピートしてくれるお客様が圧倒的に増えたことが証明していました。試合に繰り返し出ると、そのお客様は当然上達します。さらに、スタッフからのアドバイスで、ただ試合に出るだけではなくて、何かしら目標を立てて出るようになります。アドバイスを意識してやってみて、それが上達につながるお客様も増えてきました。

そんな変化を目の当たりにして、インスピは他の大会と違う場所になると確信しました。安くて3試合できるし、スタッフも感じがいいし、望めばフィードバックやアドバイスを受けることもできる。それはほかにはない魅力だと。

接客に関しては、平林都さんの「接遇」を参考にしたり、ビジネス書を参考にしたりしました。あと、アドバイスはどうしても押し付けになってしまうことが多いので、ヒアリングを意識していました。例えば、フォアハンドストロークで悩んでいるお客様に、こう打ったらどうですか！　ではなく、まず、その人のフォアがどういう状態なのかをきちんと把握する。こういう状態なんですね、では、こういう方がいいかもと。ティーチングではなくコーチングになるよう、お客様と接するようにしました。

リピートしてくれるお客様の数が増えてくると、集客も安定してきました。平日も満員、休日は販売開始から5分ぐらいで満員になるように。私は安くてうまいお店はすごいとずっと思っていました。それをつくれたら楽しいな、と。

夢はかなったのです。

みんなの上達のために、低価格でがんばった

増田さんは、インスピを勢いで起業したと言っていました。しかし、起業しても1000に3つしかあたらないと言われるほど現実は厳しい。増田さんは、それを引きあてて事業として継続させている。勢いだけではできないことです。インスピが成功したのは、増田さん自身の経験がベースになっているのが大きいと感じます。増田さんも試合に勝てなくて、試合をやってうまくなったから、みんなにも試合をやってほしい。そういう思いに、いろんな人が賛同して協力してくれます。増田さんはやっぱりすごい人です。

インスピは長い間、低価格でがんばってきました。増田さんの思いもあって、できるだけ値上げはしませんでした。さすがに当初の1500円からは上げましたが、それでもボール代込みで2000円とか2500円の期間が長かったです。月に試合に使えるお金が5000円だとしても、2500円だと2回来れる。それが増田さんの考えでした。

ただ、消費税が上がるときはどうしても値上げせざるを得ませんでした。あと、新型コロナの影響も大きかったです。大会に申し込んだ日から1週間を切ったら全額負担が原

則のキャンセル料を無料にしたり、感染予防の観点から大会の規模を縮小したり。少なからず打撃を受けました。それもあって参加者の方には申し訳ないけれど、値上げをさせてもらいました。いまはシングルスで３５００円がベースになっています。増田さんが自分の報酬を考える経営者なら、もっと早く値上げしていたはず。ギリギリの状況になるまで、かたくなに値上げしようとは言いませんでした。

増田さんも、消費税とかコロナとか、外的な要因で値段を上げなければいけないタイミングが来るのはわかっていたはず。でも、なるべく価格を維持しつつ、みんなが参加しやすい環境をつくることが、みんなのテニスの上達につながるとの考えがあったのです。

参加費が安いので、大会のスケジュールを組む際には、スタッフ一人あたりの収益の最大化を最優先に考えました。だから、最初の社員である石井君は大変でした。ナイターがある会場は拘束時間が長いので、増田さんや私がなるべく運営に行くようにはしていましたが、会場が増えてくると、どうしても手が回らなくなってきます。そんな状況を見て、僕もナイターの運営やりますから大丈夫ですよ、と言ってくれました。石井君がやめないでいてくれたから、いまのインスピがあります。

インスピは、誰もが主役になれる舞台

テニスの試合は、自分が主役になれる場所だと思います。試合に出ている時は自分がテニスコートという舞台の主役。これからもインスピで舞台を提供していきたいです。インスピの大会はレベル別に分かれています。例えば、初級で2回優勝すると初中級以上のクラスに出てもらいます。上手な人が初級に出続けることはありません。そうすると優勝するチャンス、表彰されるチャンスが広がります。そこもすごく良いところだと思います。

インスピの客層は、どちらかと言えば30代、40代、50代の参加者が中心。男性も女性も、仕事とか子育てとかが少し落ち着いて、テニスをまたやりたいな、がんばろうかなと参加してくれる方が数多くいらっしゃいます。インスピは、そういう方々が主人公として輝ける舞台であり続けたいし、若い人の参加者も増やしていきたい。若い人がワクワクするような大会、例えば、リゾート大会などを検討しています。これからも、インスピでおもしろいことをやり続けたいし、私たちがやることで人が、テニスが、いろいろなことが良い方向に進むとうれしい。そうなれば、やり続ける価値があります。

試合こそ最大の練習也
ネットで検索「インスピリッツ」

第4章

なりたい自分になるために

―インスピに関わるすべての人を幸せにする―

人が定着しないのはなぜだろう？

休業を経て倒産の危機を脱したインスピは、試合会場も徐々に増えていき、売り上げも順調に拡大していきました。それに伴って、社員スタッフを積極的に採用。順風満帆なはずでした。

しかし、スタッフが定着しません。退職と採用が繰り返されていきました。その状況は約10年間続きました。分かり切っていることですが、人が定着しないと会社は大きくなっていきません。インスピが大切にしているコミュニケーション力も、人が定着し、成長してくれるからこそ「武器」にすることができます。しかし、採用しても1年もたずにやめてしまうのです。

人を雇う以上「すべては社員の幸せのため」に経営していると言いたかったですが、はい、そんなこと言ってる場合じゃなかったです。だって、1年もたないんだから。社員教育にかけた時間も、お金も、一気に無駄になってしまいます。

コミュニケーションを大切にしている会社の社員が1年もたずにやめちゃうって、控えめに言ってやばくないですか？？？

なぜ人が定着しないのだろうか？　自問自答する日々が続きました。やめていく社員ともいろいろな話をしました。

「人間関係」「給料」「やりがい」「環境」等々、いろいろな要素が出てきました。正直「これだ！」っていうものは見つかりませんでした。もう原点回帰するしかありません。僕はここまでコミュニケーションを学んで成長してきました。家族との関係も改善できたし、インスピを成長させることができました。

そうだ！　京都に行こう。ではなくて、

そうだ！　もう一度コミュニケーションを学びなおそう。

関わる人みんなを幸せにできる、ますだ～コミュニケーター（マスターコミュニケーター）になろう！

―冒険の書63―

もう一度やってみよう、何回でも立ち上がれば本物になる

もう1度コミュニケーションを学び直す

もう1度コミュニケーションを学び直そうと決めた僕は、大学時代に出会い、人生が変わるきっかけになったSAのフランチャイズである「SA埼玉」に週1回のペースで通い出しました。SA埼玉のオーナーは市毛一弘さん。僕は、市毛さんに社員スタッフが定着しないことを相談しました。

「社員を変えようとしていませんか。変わらなくてはならないのは、まずあなたです」

市毛さんに言われた言葉は、いまでもはっきり覚えています。

―冒険の書64―

まず変わらなくてはならないのは、いつも自分自身

まずは自己肯定感を上げる

「増田さん自身の自己肯定感が低いから、まわりにネガティブな影響を与えやすい。そこから変わりましょうね」。市毛さんからこう言われ、最初、意味がわかりませんでした。

自己肯定感って一体何なんだろう？　まずは知ることから始めようと思いました。自己肯定感関連の本を10冊くらい買いました。その中で自分にヒットしたのが、中島輝さんの「自己肯定感の教科書」（ＳＢクリエイティブ）。この本のおかげで自己肯定感について少し知ることができました。その他は…　僕は本を最後までちゃんと読まないタイプです…あっ、この本は最後まで読んでくださいね。何なら電車とかでカバーとかをかけずに持ち歩いてください〈増田式集客の呼吸式の型〉。

いろいろ本を読みましたが、最終的には中田敦彦さんのユーチューブ大学で自己肯定感を扱っている動画があって、それが一番だったかなと思います。

自己肯定感を学んで気付いたことがあります。まず！　自己肯定感が低いとモテない！

ここはとても重要なんです！　だって僕はモテたいんですから！

僕は幼少期の経験から常に人の目を気にしてきました。よく人から「増田君は真面目だね。増田君はいい人だよね」と言われてきました。でも、それでは人を惹きつけることも、リーダーとして人を導いていくこともできません。まわりに受け入れられようと自分自身を作り込んできました。このままじゃいけない。本当の意味でかっこよくなりたい。「増田君ってかっこいいよね。増田君っておもしろいよね。増田君って人と違うね。増田さんみたいになりたいです！」って言われないとだめだと思いました。素の増田吉彦で勝負できるようにならなければと考えるようになりました。

そこからは毎日必死にトレーニングしました。そりゃあそうです。上げたいと思ってもなかなか上がらないのが自己肯定感です。トレーニングの一部をここに記します。

・小さな欲をかなえるトレーニング

ノートに自分の欲をとにかく書いて達成していく。書くことはなんでもＯＫ！

例：髪型を変える。ユニクロの感動ジャケットのセットアップを買う。蒙古タンメン中本北極のカップラーメンを食べる…等

・過去にさかのぼるトレーニング

いまの自分の価値観が、過去のどのタイミングや出来事で構築されているかを分析する。

例：経営者でいたいと思う↓小さいとき、父親に過度な管理を受けていた↓嫌で嫌でしょうがなかった↓サラリーマンになって時間で管理されるのが嫌だった↓経営者がいい！↓お父さんのおかげでいま経営者ができているなぁ。感謝だな。

・南波六太トレーニング

とにかく人が興味を持っていることに興味を持つ。その人の心が動くことを一緒にやってみる。

例：コーヒー好きの石井君と一緒にカフェに行く。

・ジョハリの窓

スタッフたちとジョハリの窓という自己分析トレーニングをやりました。自分自身が感じている自分の印象よりさらにたくさんの自分に出会えて本当に楽しかったです。新しい自分に出会えた感じでした。

こうした自己肯定感を上げるトレーニングで、いろいろなことに気付くことができました。世の中には楽しいことがたくさんあって、その小さな「やりたいこと」の集合体が「夢」になるんじゃないかなと。「夢」を描くって何か大きなものに思えるけど、小さな「やりたいこと」ならそんなにハードルは高くない。その「小さなやりたいこと」をかなえるためには、お金も、時間も必要だし、そのために魅力的な人になっていきたいなって心から思えるようになりました。

そして、それを自分の大切な人たちと共有したい！　と心から思えるようになりました。自分が楽しくて、相手も楽しい。相手の楽しいを自分の楽しいにもできる。そんな人生を送っていきたいと思えるようになったのです。

自己肯定感のトレーニングは僕に心の変化をもたらしてくれました。もちろん、もっともっと鍛えていきたいと思っています。

―冒険の書65―

あなたの心は変化の時を待っている

本音で話してください

僕自身の課題として「本音で話す」ということも市毛さんから指摘されました。

「増田さんはスタッフの本音を知りたいと言うけれど、増田さん自身がこう言った方がいいんじゃないかとか、人からどう見られているかばっかり気にしちゃっている。それではスタッフから本音を引き出せませんよ」

僕は本音で話すことを恐れていました。子どものころ、本音を出したら人が離れていったからです。人から嫌われないように、本音を隠してきました。思ったことをそのまま口にすることほど怖いものはありません。

でも、本音でぶつかっていかないと人との関係性は変わっていきません。まだまだ本音100%とはいきませんが、徐々に本音で話せるようになってきました。すると、プライベートでかけがえのないパートナーに出会えたのです！　お互いに素を出して向き合えることが居心地のよさにつながっている気がします。

本音で話せるって本当に素晴らしいですよね！

本音は怖い。でも自分を解放すると、本当に大切な人に巡り合うことができる

―冒険の書66―

小さな欲が大事

市毛さんは、僕自身の事業に対するモチベーションを問い直しました。

「増田さんは、なにくそ！　と困難に立ち向かうハングリー精神でインスピを大きくしてきた。最初はそれでよかったし、ハングリー精神だけでも、会社はもっと大きくなるかも

しれない。でも、それで増田さん自身は幸せ？　会社が大きくなっても、増田さんとか増田さんに近い人たちが幸せにならないと意味がないんじゃないかな。経営者自身のモチベーションが、なにくそから自分の夢になっていかないと、スタッフの夢も認められないよ」

インスピが経営危機のとき、山田君や石井君が入ってくれて、大変な毎日をなにくそ！と言いながら乗り越えました。夢を描く余裕はありませんでしたが、一番熱い時代を共に過ごすことで絆が生まれました。なにくそ根性の絆です。それを、危機の時代を知らない新しいスタッフにも知らず知らずのうちに求めていたのかもしれません。

危機の時代から安定期に入ったインスピには次の成長に向かうための「夢」が必要だったのです。

─冒険の書67─

少し大変だけど、
いまの自分を知るところから始めてみよう

スタッフの夢をつくりたい

インスピは「毎日試合を開催するテニスクラブ」です。その事業を通して、テニスの試合に勝てるようになりたいお客様の夢を後押しし、空いているテニスコートを借りて試合を開催することで地域の活性化にも貢献してきました。経営哲学として有名な「三方良し」の考え方に照らし合わせれば、相手良しと世の中良しは満たしていたように思うし、だからこそここまでやってこれたのです。しかし、市毛さんとのトレーニングで自分自身を見直す中で、スタッフが定着しないのは、「自分良し」が足りないのではないかと思い始めました。自分も含めてスタッフみんなが夢を持ち、夢をかなえて幸せになるための会社に変わらなくてはなりませんでした。

悩める増田に「スタッフの夢なんか関係なく、独裁者のように徹底管理していく方向もあるんじゃないですか」との悪魔のささやきが。市毛さん、それはできないですよ～　僕自身、管理される息苦しさが嫌で仕方がなく起業したのですから。

増田はワクワクの人生を送りたいので、管理するのは却下!

世のため人のためだけでは続かない

―冒険の書68―

ちっちゃな欲が夢につながる

市毛さんに社員研修をお願いし、スタッフみんなが夢を持つためのトレーニングが始まりました。でも、夢を持つのってそんなに簡単ではありませんでした。

「増田さんは会社の社長さんだから大きな夢を描かなくてはならないと考えるかもしれない。でも大きな夢に気持ちがこもっていないから、共感を得られない。増田さんが杓子定規の夢を掲げていると、スタッフも無理に大きな何かを掲げなくてはならなくなって自分の気持ちに正直になれないから、やめていっちゃう」

「経営者の立場ではなく、まずは増田さん自身が自分と素直に向き合うところから始めたらどう？　無理に夢とか言わずに、自分の欲に正直になってみる。自分に欲がないと、スタッフの欲にも気付かないよ」

こう市毛さんから言われても、最初意味が分かりませんでした。それに欲と聞くと何か居心地が悪く感じました。欲は悪いもの、と子どもの頃に教育されたからです。

トレーニングでは、二刀流で有名な野球選手が高校時代にやったという目標達成シートのようなものにインスピのスタッフみんなで夢を書いたりもしました。でも何かが違う。しっくりこないのです。シートに書いてあることが、本当に思ってるの？　と突っ込みたくなるような、聞こえがいいものばかりでした。ああ、市毛さんが言っていたのはこれかと気付き、これほんとにワクワクする？　心が動く？　と何度も見直していきました。

市毛さんからの提案で、途中からは夢という言葉を使うもをやめました。夢ではなくて欲。これが効果的でした。例えば、「月2万円給料が上がって、その2万円で彼女と行ったことのないレストランに行きたい。そう考えた方が心が動きますね」。スタッフから、そんな意見が出るようになりました。

ある時、夢と欲についてNHKの子ども向け番組が取り上げていたよと、市毛さんが教えてくれました。

「夢をいきなり描くと遠すぎて達成できない。ちっちゃな欲のかたまりが夢で、欲をかなえるうちに夢に近づいていくんだよ。ちっちゃな欲、つまり目の前のやりたいことを描いて、それを着実に実行する。欲は描けばかなうから、その繰り返しをしていくうちに夢もかなうようになる」

―冒険の書69―

小さな小さなやりたいことを、
ちょっとずつちょっとずつかなえていきませんか？

お客様の夢をつくるために、自分自身が夢を持つ

トレーニングによって、次第に具体的な夢がスタッフの中に生まれていきました。インスピ自体は夢に向かうための飛行機で、スタッフは操縦者です。かなえたい夢ができたスタッフたちは、飛行機を上手く操縦するためのスキルアップに積極的になっていきました。自分自身の夢ができたことで、日々接するお客様の夢に寄り添えるようになり、コミュニケーションの質が向上したと感じています。

スタッフの定着率も高まりました。スタッフも、会場もこれまでで一番多い状態です。スタッフは、僕を含めて役員が2名、社員7名、アルバイト11名、外部コーチ6名という体制。いまが一番良い状態ですし、もっと良い方向に変わっていこうとしています。

いまは戦うチームづくりの過程です。一人一人がちっちゃくてもいいから欲を持とうと、いまだに言い続けています。こうしたい、これをやりたい、こうすると心が動く。自分の

中にある小さな欲を口に出すことで、小さいことからかなっていくサイクルをつくりたいと考えています。

―冒険の書70―
みんなの小さな欲に興味を持とう

ユニフォームの役割

スタッフみんなの夢をつくることと共に、市毛さんから繰り返し言われたのが、会社の基本理念を明確にして、それをスタッフと共有することでした。

インスピのスタッフに「みなさんの仕事は何ですか？」と聞くと「大会の運営です」と

の答えが返ってきました。はい、正解です。でも、自分の仕事に誇りと愛情を持つには、何のために運営をするのか、日々運営をした先に何がもたらされるのかを明確にして共有する必要があります。その第一歩として市毛さんから名刺とユニフォームを作ることを提案されました。「まずは格好から入ろう。あと、名刺もきちんと作ろう。多くの人が、見た目や肩書でまずその人を判断する。良し悪しは別として、社会とはそういうものだよ」

そして２０１９年、それまで思い思いのテニスウェアを着ていたスタッフに、初めてインスピのユニフォームを手渡すことができたのです。

―冒険の書71―

あなたにもあなたのユニフォームを作ってみよう

経営理念の再構築

インスピの母体である株式会社インスピリッツは、２０２０年に経営理念を再構築しました。以前の経営理念は「試合経験を通して参加者の方が豊かになる」。すごくシンプルでわかりやすいものでした。

すべてはお客様のため。徹底した顧客目線。お客様が良ければいいでした。お客様の夢をかなえる会社。でも、経営者である自分の夢は？　スタッフの夢は？　以前の経営理念には入っていませんでした。

スタッフにも欲を持ってもらい、小さな欲をかなえていこうとしている会社が掲げている経営理念として？？？が浮かぶようになってきました。

そこで、インスピの試合を通して、関わっているすべての人を幸せにしよう。スタッフの夢もきちんと聞いて。会社の夢がかなうとスタッフの夢もかなう。そんな経営理念にしたいと思い、たくさん考えました。

ここにインスピリッツの経営理念を記します。

「インスピリッツは関わる方すべての夢を本気でかなえる会社です」

この経営理念実現に向けて、みんなでがんばっていきたいと思います。

僕は、ほぼインスピしか知りません。社会のことも多くは知りません。10年間、社長をやっている人ならこれは知っているでしょ、ということが頭に入っていないのです。

ほかの会社の社長さんと交流の中で、インスピが取り組んでいる社員研修のことをお話しすることがあります。すると、「成果出ないでしょ、しょせん従業員は従業員だから」という声が少なからず返ってきます。「余計なことを考えさせないで、仕事をしてもらった方が変な気をおこさせないよ。夢ができたらやめるよ」とも言われました。でも、僕は本気で経営者と従業員が共に夢をかなえられることを証明したいのです。

― 冒険の書72 ―

あなたが会社を通して

社会に実現したいことはなんですか???

アドバイスの根本は「愛」

経営理念を再構築する過程でいろいろと考えているとき、「僕たちの仕事って何だろう？」との問いが改めて頭に浮かびました。テニスの大会を運営することだろうか？　テニスを教えることだろうか？

僕は「本気になってもらうこと」なのかなって思っています。

試合ってたくさんの喜怒哀楽を見ることができます。勝ったらうれしいし、負けたら悔しいです。

どんな人でも負けたくはないものですよね。でも、大会なので最後まで勝ち続けられる人は一人しかいません。そして、インスピは最低3試合なので、負けても次の試合がやってきます。そこで大切なのが運営するスタッフたちです。負けた次の試合を消化試合にせずに、前向きにトライしていってもらうためにコミュニケーションをとります。

お客様に「本気で前向きに課題に向き合って成長していってもらう」ためには、僕たちスタッフの心がまず「本気」じゃなきゃいけないし、「前向き」じゃないといけないし、「向上心」を持ち続けていないといけない。だからこそ、スタッフみんなの自己肯定感は高くあってほしいし、お客様と本気の人づきあいができるようになってほしい。

負けた試合を一緒に悔しがり、共感し、励まし、ときにはアドバイスして、次の試合に前向きにトライしてもらう。そんな関係をお客様と作り上げていってほしいのです。

そう、アドバイスの根本は人を「愛する」ことから始まると思うんです。その前に自分自身を「愛せる」人となっていってほしいと本気で思っています。

― 冒険の書73 ―

僕たちの仕事は、本気になってもらうこと

テニスの試合で広がる、対等な人との関わり

インスピを続けていくうちに、気が付いたことがあります。自分が関わる人たちの中心が、テニスの試合を通して出会った人たちになっていったことです。

インスピのお客様は、様々な背景を持った方たちです。中には大きな会社の社長さんもいらっしゃいます。テニスをしていなかったら出会えなかった人たちに、試合を通して出会えます。試合で出会った人たちとは、社会的地位は違っても、対等な立場で話ができるし、テニスの話で仲良くなれます。テニスと試合に感謝しています。

テニススクールでも同じクラスの人たちと自然に仲良くなれるかもしれません。でも、インスピの試合だと、最初は知らない人たちばかりが10人とか20人集まっている状態。お客様同士だとなかなか話すきっかけがないから、その間にスタッフが入ってつなげることもあります。テニスで知り合える人たちの幅を広げてあげることもインスピの役割なのか

なと思っています。

全国の人がテニスの試合でつながったら素敵だなぁ

―冒険の書74―

テニスの試合は、人生の模擬試験

人生はテニスの試合に似ています。テニスの試合は、勝ちたいが一番になると緊張していつも通りのプレーができなくなってしまいます。失敗を恐れて守りに入るからです。それでは、進歩しないし楽しくありません。まず試合という舞台を体験して、いろいろなことを試合で試す。試すと課題が見えてくるので、それを乗り越えていくとできるようになって、結果的に試合に勝てるようになります。

課題を乗り越えるには、繰り返し試すしかありません。チャレンジにはミスはつきもの。失敗するのは怖いけれど、勇気を振り絞って試そうとしているお客様の背中をそっと押せるような存在になることをインスピは目指しています。

テニスの試合という模擬試験で得た成功体験は、そのお客様の人生にもきっと良い影響を与えるはず。テニスの試合にはそんな力があると、僕たちは信じています。

― 冒険の書75 ―

小さな成功体験が人生を変えていく力になる

自分自身の経験を、人のために活かす

僕がテニスの試合で勝ち始めたのは、インスピを起業してからです。これは結果論になりますが、インスピという毎日試合を開催するビジネスをやる中で、増田吉彦というテニスプレーヤーのブランドもつくることができました。インスピというビジネスは、お客様に試合というサービスを提供して対価を頂く場であると同時に、僕自身が試合経験を積む場でもあったのです。

僕が埼玉県大会のダブルスで優勝したときも、本当に毎日のようにインスピの試合に出ていました。毎日試合で練習していたおかげで優勝することができたのです。この僕自身の成功体験がそのまま自分のブランドになったことは幸運だと思います。

僕は23歳の時、就職せずに生きていくために起業し、テニスが天職になりました。なぜ自分の一生の仕事としてテニスを選んだのか。その根底にあるのは、自分自身の経験を人のために役立てたいとの思いです。

自分がテニスの試合を通して、夢を持ったり、夢をかなえたり、変われたりした経験。それをほかの人にも味わってほしいから、毎日試合を開催し続けてきたのです。

―冒険の書76―
自分の中にあるものを表現していきたい

働きながら夢をかなえる

インスピのお客様の中心は、試合に勝てるようになりたい方です。例えばオープンクラスで優勝したいとか、市民大会で優勝したいといった夢を持ったお客様が多いと感じます。試合で繰り返しチャレンジしていけば試合に勝てるようになっていきますよ、とお客様に伝えているのがインスピです。だからこそ、そこで働くインスピスタッフにも、自分のテニスの夢をかなえていってほしいと考えています。

僕は埼玉県大会優勝が夢であることを公言していました。それは幸運にも達成できましたが、まだインスピを始めたころで、自分自身のブランディングもあって必死でした。インスピを始めた自分が勝てるようになると、すごく説得力が出せるなと思ってがんばっていました。

これからは、社員のテニスの夢をかなえてあげたいです。例えば、石村勇気君の全日本出場の夢。働きながら夢を追う姿は、サラリーマンのインスピのお客様たちに勇気を与えるし、テニスを本気でやってきた若い世代がインスピで働くことに興味をもつきっかけにもなります。石村君には、就活生が憧れるイメージキャラクターになってほしいです。

そうやって夢がずっと続いていってほしいなって思っています。もちろん、僕の夢もかなえていきたいです。

―冒険の書77―

大人になってからだって夢を諦めたくない

説明ではなく、プレゼン

インスピリッツの商品は「テニスの試合が最低3試合できること」です。でも、これだけ伝えられても、よほど試合自体が好きな人以外、心躍る人はあまりいないでしょう。

やっぱり必要なのは試合に出ることのメリットを想像してもらうことです。

・試合に出ることで、成長を実感できる
・試合に出ることで、試合に勝てるようになる
・試合に出ることで、仲間が増える
・試合に出ることで、夢がかなえられるようになる
・試合に出ることで、新しい自分に出会うことができる
・試合に出ることで、考える力が鍛えられる
・試合に出ることで、メンタル強化される
・試合に出ることは、とてつもなく楽しい

・試合に出ることは、ワクワクドキドキする

このように、試合に出ること、勝てるようになることの喜びを伝えていかないと販売につながりません。

すべては相手にとってどうかを考えることが大切です。無理に売ろうとするのではなく、相手に利益があるかどうか。何かを販売することによって、相手が望んでいることがかなったり、未来が良くなる可能性があれば、それはおすすめしてもいいと思います。売る側も買う側も双方にとってメリットがあるからです。

僕自身コミュニケーションを学び続けているのは、それを学んで自分が変わったという利益を実感しているからです。コミュニケーションを学ぶことで良い未来がひらけるという可能性を感じているので、人にも自信を持ってすすめられるのです。

テニスの試合もまったく同じです。繰り返し試合をやると勝てるようになるとスタッフ自身が経験して実感できてないと、相手にも伝えられないし、伝わりません。テニスの試合を通して人生の大切なことが学べ、自分が成長していく実感を得られることをスタッフに経験してもらい、自信を持って試合をおすすめしてほしいと願っています。

―冒険の書78―
あなたの心に、届けたい

こんな僕でも、ここまでこれた

僕はできることが本当に少ない人間です。自然にできるのは笑顔くらい（笑）。ワードやエクセルなんて使えないし、まさか、ここまで何もできないとは周りも思っていなかったに違いありません。そんな自分でも、テニスクラブを立ち上げて、20年近く続けてこれました。紆余曲折《うよきょくせつ》はあったけれど、社員も増えて、大会開催数日本一の会社になれました。会社が大きくなる過程で、自分は幸せになれたし、テニスが強くなりたいお客様にも喜んでもらえたと思います。これからは、社員を幸せにしたいし、地域社会にも貢献したい。

そしてテニス界を盛り上げたい。インスピリッツという会社に関わるすべての人たちを幸せにするのが使命だと考えています。

何かをやりたい人にはやり続けてくださいと伝えたいです。僕でもここまでこれたのだから、きっと夢はかなうはずです。

―冒険の書79―

あなただって、いまからだって何者にでもなれる

応援されるって大事

やり続ければ夢はかなうと言うけれど、あなた自身は何をやり続けてきたの？　と問わ

れれば、テニスとコミュニケーションと答えます。僕は試合に出続けました。そして、試合会場でコミュニケーションをとり続けました。笑顔で人にアプローチを続けていたら、同じ価値観を持った人たちとつながりができました。わかりあえる人が増えて、応援してくれる人も増えたのです。

応援してくれる人たちとのつながりがなかったら、インスピはうまくいっていなかったと思います。やっぱり、応援されるって大事です。それが僕の場合はテニスでした。きっと誰にでもあるはずです。自分が好きでやっていることとか、これだったらやり続けられると思える、得意なことが。それを応援してくれる人が増えていけば、きっと夢がかなっていくと思います。

―冒険の書80―

自分の得意を伸ばし続ける努力をしよう

スタッフの夢をかなえたい

インスピ社員スタッフは現段階で7名。その7名を、社歴が長い順に改めて紹介します。

まず、石井智明。インスピに来てくれたのは、インスピが一番の危機のとき。ボランティアスタッフだけでは運営がうまくいかなくなって、試合会場を縮小しようと思ったけれど、石井君が来てくれて、試合会場を維持できました。彼の夢は、テニス村をつくること。彼にはPTL（プロテニスリーグ）の仕事も手伝ってもらっています。それもテニス村の夢にきっとつながっていくはずです。

石村勇気。彼は全日本選手権出場が夢。社内で実業団を立ち上げたいとも考えています。

佐藤可奈。軽井沢に移住して、テニスの大会を開催しながらカフェを経営するのが夢です。入社したころは、夢？　わからないと言ってたけれど、好きな軽井沢に通ううちにやりたことが見えてきたようです。夢ができて仕事への取り組み方が変わりました。

池田将晃。彼は、故郷の香川でインスピのような会社を立ち上げるのが夢。全国にテニスの試合の文化を広めたいとの思いがあります。僕が地元埼玉以外でも試合を広げるためのインスピNEXTという会社を立ち上げたのは、彼の夢を応援するためでもあります。

石塚翼。フリーのテニスコーチとしてFacebookのフォロワーが何千人もいて、自分で集客していた人。社内会議で、競合としてこういう人がこわいよねと話していました。その後、彼と知り合って話したら、夢があるんだけど一人だから時間がないと聞いたので、それなら一緒にやろうと、3回くらい口説いて来てもらいました。彼の夢は、試合に勝ちたい人を全員勝たせることです。

小原智明。小原君は元システムエンジニアで2021年12月に入社しました。夢は世界平和！

朝田匠海。格闘技好きの新入社員。

みんなの夢をかなえたい。本気でそう思っています。

―冒険の書81―

だれかの夢を応援する人になりたい

石井智明

株式会社インスピリッツ　大会運営管理部長　人事採用課長

―インタビュー収録―

僕がインスピに入社したのは2009年。いつの間にか社員では一番のベテランになりました。2009年はインスピが休業した年で、潰れるかどうかの瀬戸際のときです。当時はとにかく事業を成り立たせることが最優先。増田さんと山田さんと僕で、朝も昼も夜もなく働きました。入社したばかりのとき、朝4時までコミュニケーションのトレーニングをやって、ちょっと仮眠したら寝坊してしまい、6時からの早朝大会の運営に間に合わなかったことも。でも、きついというよりは、ベンチャー企業なんてこんなものかな、と思って楽しくやっていました。インスピには何かありそう、失敗したとしても何か起こりそうだと。

僕は教員になりたくて大学に通っていました。卒業後はそのままインスピに入りましたが、それまでは先生になることがゴールで、なってからのことをあまり考えていませんでした。先生になってから、何かをなせたかはわかりません。たぶん教員としての、敷かれたレールの上を歩いたと思います。

入社して随分時間が経ちましたが、インスピの事業自体は変わっていません。変わったのは、なんだろう。最初は生きるか死ぬかでした。明日ごはんが食べられるかどうか。自分がインスピに入って2、3年間は生きるか死ぬか。ちょっと安全になったかなと思ったら社員が入ったりやめたりが繰り返されて、石村君が入ったあたりからインスピが社会的な存在になったのかなと感じます。次の段階が自己実現、社会貢献なのかなと。その段階に向かって、この会社を舵取りする立場に片足が入っていると感じています。

ただ、自己実現は、あくまで自分が決めること。会社としてサポートはできるけれど、会社が決めることではありません。そもそも、自己実現の段階に行くのか行かないのか、そこから自分で決めなくてはなりません。

僕は自己紹介するときに、日本で一番多く試合を運営した人間ですと言っています。インスピは大会開催数日本一の会社。そこで大会運営を続ける限り、運営した試合数は誰にも抜かされない。自己紹介ができるというのはすごく良いこと。インスピに入って増田さんと出会って、生きるか死ぬかのところをがんばって生きたから、いま自己紹介できる。それが自分の中で自信になっています。

この先、自分はどこに行くか。自分の心が躍るものに向かいたい。ＰＴＬに携わっているのもすごく楽しいですし、人がテニスを見て熱狂したりとか、子供たちが楽しそうに会場に入っていく様子とか見るのがすごく好き。そんな心躍るイベントを、インスピでやりたいと考えています。２０２1年にインスピも協力した「Chain Cup 埼玉 Festival」は楽しかったです。キッチンカーも来てくれて、大宮けんぽグラウンドのテニスコートを30面借りて４０００人が集まってくれました。おいしいものを食べながら、お酒を飲みながらプロの試合が見られる。そんなカルチャーをつくれたら最高です。

そして、その先にテニス村をつくりたい。例えば、ショッピングモールのど真ん中にテニスコートがあるようなイメージ。テニスコートが中心になってプロの試合を観戦できたり、レッスンを受けられたり、海外から選手が合宿に来ていたり。テニスだけではなく、買い物もできて、マッサージも受けられるテニスのテーマパークのような場所。そのテニス村の村長になるのが究極の夢です。

接客に関しては、お客様に教えてもらったことの方が多いかもしれません。インスピに入ってからしばらくは、お客様から怒られてばかりでした。でも2年ぐらい運営を続けていくうちに、自分の至らなさを感じることもあれば、自分に自信を持てることも出てきました。

先日、大会の運営をしていて、お客様とこんな会話をしました。そのお客様が「いつも初戦は緊張するんだよ〜」と。それに対して僕はこう返しました。「緊張するってすごくいいこと。普段の生活では緊張することなんてないでしょ、だから緊張してくださいよ。緊張するということは、心が動くということ。それってすごいことだよ」と。お客様にこんなことが言えるのも、僕自身の心が動いているから。僕には子どもが2人います。2人とも朝食べたものを覚えていません。毎日刺激があり過ぎて忘れちゃう。僕もまさにそんな感じ。日々のことはほとんど覚えていません。記憶には優先順位があります。心が動くことを優先して、ちょっとした日常のことは忘れてしまう。それくらい、いろいろなことがあるというのは、すごく楽しい。

増田さんとの出会いは、僕が大学のテニス部で部長をしていたとき。このままでは強くなれない、この部活を強くしたいとの思いで、インスピの大会を大学で開催して欲しいと増田さんにお願いに行きました。強くなるには対外試合を増やすしかない、大学で大会が開催されれば部活にとっていい刺激になると考えました。考えているだけでなく、僕は動きました。増田さんに会いに行き、それに増田さんは応えてくれました。

増田さんも、動く人。1歩を踏み出す人。だからリスペクトしています。生きるか死ぬかだったインスピがそこそこいい会社になって、それで満足していいはずなのに1歩踏み出す。それが、ＰＴＬとか、インスピNEXTとか新しいことにつながっています。

これからも、増田さんの傍《かたわ》らで一緒に進んでいきたい。そう思うのは、やはり増田さんにもインスピにも夢があるから。増田さん自身に夢があるから、みんなの夢もかなえられそうな雰囲気がある。それは出会ったころもいまも変わりません。

これまで、増田さんと一緒に話をして、心が動いてワクワクしたことは、ほぼかたちになりました。増田さんが踏み出した山道を、一緒に登ってきたような感じです。これからは単独登頂にも挑んでみたい。自分自身の夢という山頂に向かって。

石村勇気

株式会社インスピリッツ

―インタビュー収録―

僕は2016年にインスピに入社しました。増田さんに初めてお会いしたときに聞いた話の内容と、僕が試合で勝てるようになった経験が通ずるものがありました。それでインスピに入りたいなと思ったのです。

増田さんと初めてお会いしたのが、僕がまだ大学生のころ。僕の指導をしてくれていた桜井コーチが増田さんと知り合いで、採用活動をしていた増田さんに僕を紹介してくれたのがきっかけです。そのとき、試合で強くなっていく、試合経験をたくさん積んで勝てるようになるという話を増田さんから聞きました。それが心に響きました。

僕はジュニアの頃、本当に勝てませんでした。いいショットは打てるのだけど、試合で勝てない。もっと勝てるはずだと僕もコーチも思っていました。でも、結果が出ませんでした。高校生になったとき、出ることにしたのがジュニアのJOPの大会。エントリー費がリーズナブルで、全国各地で試合ができる。そこにたくさんエントリーして、試合数を重ねてやっと勝てるようになりました。そこで試合経験がすごく大事だと気付いたのです。

インスピは毎日大会を開催していて、参加者は試合経験を積んで強くなっていきます。大きな大会で勝てるようになる、という目標を達成できている人もいて、これはすごいなと。大学卒業後の進路でテニスコーチも考えていましたが、本心からなりたいかと自分に問いかけたときに、違和感があったのです。テニススクールに通う動機はお客様によって違います。上達したい、試合に勝ちたいという動機以外にもストレス発散だったり、親睦だったり。そうしたお客様たちを接待するのがコーチで、テニスプレーヤーとして本気で強くなりたい自分とは方向性が違うと感じたのです。

インスピには本気で強くなりたい人が来ます。いつも負けてしまう人に勝ちたいとか、優勝までほんとにあと一歩だったから次こそとがんばっている。そんな姿を見ていると、自分と重なります。試合経験をたくさん積んでいくと、自分が試合の中で何ができて、何ができないかがわかってきます。そうすると落ち着けるようになるし、試合に勝てるようになります。試合に勝ちたい。これは、お客様の夢であり、自分の夢でもあります。その共通の夢をかなえるために本気になれる場所がインスピでした。出会えてよかったと思っています。

いま、僕はテニスの全日本選手権出場を目指しています。増田さんにも宣言しました。でも、宣言してから自分の中で最大限にがんばれたかと言うとそうではありません。実際にそれほど勝てていなくて、出場するために必要なポイントも稼げていませんでした。僕の中で全日本をあきらめかけた時期が正直ありました。

そんなときに、全日本に出場経験のある石田洋平コーチや、全日本で優勝した江原弘泰プロに言われたのです。ポテンシャルはあるから絶対に行けると。一度しかない人生、もう一回本気でやろう。心の中で消えかかっていた火が、また熱く燃え上がるのを感じました。

全日本出場に向けて、石田コーチや江原プロと練習をさせてもらっています。石田コーチも江原プロもインスピと協力関係にある方々。こうして強い人たちと練習できるのも、自分がインスピの一員であるからです。増田さんが、サラリーマンとして全日本を目指すところに価値があると言う通り、インスピの社員としての役割をしっかり果たしながら、テニスプレーヤーとしてもっと強くなるのが願いです。

全日本を目指す人たちの中には、練習時間を確保するために、アルバイトでコーチをしながら活動している方もいます。でも僕の場合は違う。増田さんは、こう言います。

「石村くんの場合はきちんと大学を卒業して就職して、一般の社会人として仕事をしながら夢をかなえようとしている。そこに価値がある。テニスの能力と同様に、社会人として、ビジネスマンとしての能力も高めていってほしい。仕事は一生続いていくのだから」

インスピのお客様も、自分と同じようにサラリーマンであったり、仕事をしながら試合に来てくれています。その自分が夢に向かって進むことで、試合で成長を掲げるインスピの一つのモデルケースになれればいいな。そんな思いもあります。30歳を超えるまでは本気で全日本を目指したい。その後も試合には出続けるつもりです。

大会運営での接客に関してはまだまだ課題があります。お客様に対して、恥ずかしがらずに、自分の色を出していきたいです。僕は人見知りなので、知らない人と話すのはとても恥ずかしい。でも、元気出して、熱さを出していこうと。自分のコミュニケーションが変わったからか、最近練習してくれる人が増えてきました、

増田さんはよくコミュニケーションをとってくれます。親身になって話を聞いてくれるし、増田さん自身の話もしてくれます。その何気ない一言に、考えさせられることが多々あります。増田さんがみんなに好かれる理由がわかります。

佐藤可奈

株式会社インスピリッツ

―インタビュー収録―

私はテニスを小学校3年から始めました。最初は家族と一緒に遊ぶような感じでしたが、そのうちテニスが好きになって、スクールにも通い出しました。そこのコーチがインスピというのがあるよと教えてくれて。それで小学5年生ぐらいのときに、一番最初に試合に出たのがインスピです。

テニスはその後も続けて短大を卒業した後、テニススクールでコーチをやっていました。そこが、私が小学生からずっと通っていたスクールで、インスピを教えてくれたところです。あるとき、増田さんから電話がありました。インスピで働きませんかと。それで、すぐにインスピで働こうと決めました。あの増田さんに誘われたのが一番の決め手。この機会は逃しちゃいけないなと。

小学生のころ、父がインスピの試合会場まで送り迎えをしてくれました。そこで増田さんと知り合った父は、空いているテニスコートをインスピにつないだりして増田さんとのお付き合いが続いたようです。そのご縁で、私が中学生のときに、増田さんがプライベートレッスンをしてくれたことがありました。そのとき、増田さんの教え方は他とは違っていました。普段テニスで関わっている人たち、例えば、テニスコーチとは違う視点を感じたのです。増田さんは人としての考え方のようなことをノートに書いてくれました。テニスのレッスンというよりは学校の授業みたいな感じ。とても印象に残りました。その増田さんが私のことを覚えていてくれて、一緒に働かないかと誘ってくれたことがすごくうれしかったです。

私はテニスのコーチとインスピしか社会人としての経験がありません。ほかと比べることはできませんが、インスピという会社は、テニス業界ではなかなかできない経験ができると思います。それは、大会やイベントの運営です。

運営は最初こわかったです。自分に自信もないし、何か言われるんじゃないかとか考えてしまって。でも、4年もやるとなんとかなるものですね。お客様から、次は、どこの会場にいるの？　とか、会いにきたよ、と言われることが増えました。テニスに関して聞いてくださる方も多いので、信頼してもらえるようになったかなと。

この前、お客様から、試合になるとラケットが思うように振れなくなる、という悩みを聞きました。そのお客様は、毎回飲み物などを差し入れしてくれるほど仲がいい方。ラケットが振れなくなることについての話を2人でしていて、私が「振らないなら、ラケット持っている意味ないですよと」と言ったら、それが心に響いたみたいで。「ああ、その通りだねとすごく納得されたようで、「次は勇気を出して振ってみるよ」と。その後に、「あなたの言葉だから受け止められるけど、ほかの人からだったら、えっと思うかも」と言われて気付かされました。このお客様は、私を信頼してくれているんだと。

インスピに入ったころは、声が小さくて自信がないのが態度に出ていました。インスピでは月に1回の社員研修があって、その様子をビデオに撮っています。それを見返すと、もじもじしている。発表するときも講師の方ばかり見ていました。最近では、みんなに視線を合わせてしゃべれるようになりました。声も大きくなったねと言われます。エネルギーをちょっとは出せるようになったかな。やっと自分に自信が持てるようになってきたので、自分にしかできないことを、もう少し見つけていきたいなと考えています。

自分にしかできないことは、自分が好きなことだといいな。私は軽井沢が好き。もう毎月通いたいほど大好きです。親戚が軽井沢に部屋を借りていて、学生のときに遊びに行きました。そこで見た星のきれいさに感激して。それからずっと好きです。

軽井沢で、よく行くカフェがあります。そこのシェフと、別荘族の方に合うようなメニューを考えていて、その食事付きのテニス合宿ができたらすごくないですか、地域活性化になるのでは、という話になって。実現できたらいいなとワクワクしました。

でもコロナがあって。軽井沢にもなかなか行けなくなりました。そのシェフも違う店に移ったそうで。でも、私はあきらめていませんよ、シェフ。また会いに行きます。

いま盛んにSDGsが言われています。私も社会に貢献する意識を持って生きたい。インスピが、小学校に使用済みのテニスボールを寄付したことがあります。それを机や椅子の脚カバーとして再利用した教室の写真と感謝状が、後日届きました。すごくうれしかったです。

増田さんは笑顔が素敵。社長業は大変だと思います。その大変さを感じさせない雰囲気があるというか、いつも楽しそう。増田さん、また焼肉屋さんでの食事会、楽しみにしています！

池田将晃

株式会社インスピリッツ

―インタビュー収録―

僕は故郷の香川に帰って公務員になろうと考えていました。しかし、大学時代に先輩からの紹介でインスピでアルバイトを始め、たくさんの人たちと出会い、それまでとは違う価値観を抱くようになりました。人生が180度変わる感じです。将来は起業して、インスピのような大会を開催するテニスクラブをやりたい。それが夢です。

夢の実現に向けて、まず自分のファンを3000人つくりたい。そして、インスピを社員全員が年収1000万稼げるような会社にしたい。その夢をかなえるためには、社員一人一人の市場価値を高めていかなくてはなりません。自分のファンをどこまで増やせるか、一生懸命、試しているところです。

インスピのお客様から好かれるようになって、自分のファンを1大会で一人はつくれるようになりたい。それを目標に、大会を運営するようにしています。まずは、自分の名前を覚えてもらえるように会場で出会ったお客様に自己紹介して、次回お会いしたときに、池田さん、と言ってもらえる人を一人でも増やせるように、お客様がやってもらってうれしいことをさらっとできるように心がけています。

例えば、お客様の名前を覚えて、前回あそこの会場でお会いしましたよねと声をかける。

インスピは優勝者の写真をＨＰにアップしているので、それを見て覚えておけば、その人と会場でお会いしたときに、先日、どこどこの会場で優勝されていましたね、などと話しかけることができます。そんなお客様との関わりがすごく楽しいです。

この前、大学時代、同じ部活だった友だちに言われました。いまの方が楽しそうだねと。学生時代より仕事をしてからの方が楽しそうなのは珍しいのかもしれません。インスピに入って人生が楽しくなりました。それは、自分自身が変わったからです。変わりたい人は変われる。いまはそう思います。

もう7年ぐらいインスピに関わっていますが、増田さんは1度も感情的になったことがありません。だから人に好かれるのかな。昔から来ているお客様が、増田さんが荷物を持っていると友だちのように手伝うのを見て、好かれる才能があるのはすごいなと。増田さんは僕の目標です。

石塚　翼

株式会社インスピリッツ

―インタビュー収録―

インスピに入社する前は、有明テニスの森公園でテニスコーチをしていました。東京オリンピックに向けてそこが工事に入ることになったのですが、長くお世話になったので、クローズになるまで働いていました。工事が始まって休みになり、今後どうしようかなと。テニスコーチとしての自分の強みとは何だろうと考えました。それは、試合に自分自身も出て、試合に対して教えられることかなと。また、以前から、コーチとかコーチより上手い一般の人たちに対して教える場所がほとんどないのはわかっていました。ないのなら、そこをやろうと。

やろうとは決めましたが、個人で全部やるのはなかなか大変でした。最初はクチコミだけでしたが、認知に時間がかかる。それで以前からちょこちょこやっていたFacebookで発信を始め、最終的には３５００人ぐらい友だちができました。関東圏ならどこでも行きますとグループで告知をして、埼玉も、神奈川も、千葉にも行きました。出張プライベートコーチは珍しかったと思います。個人で2年ぐらいやって、ある程度、こうやっていけば集客できて売り上げも立てられるなというのはわかったのですが、やっぱり一人でやるのは限界があると感じていました。そんなとき、増田さんからインスピに来てほしいと熱心に誘ってもらったのです。

インスピでは講座を担当しています。講座は、結果を出すことにこだわっています。例えば、初級クラスの試合に出ている人が講座に来て、より上のクラスを目指すのであれば、オープンで戦えるようになるまでコーチが責任を持ってレッスンを組み立てていくことが必要です。しかしそれは一人のコーチだけでは難しいのが現実で、有明でコーチをしていたころからの課題でもありました。そこをどうクリアすればいいかと考え取り組んでいるのが、自分と同じように教えられる人の育成と、自分が教えられる量を増やす工夫。また、インターネット上でレッスンのようなことができないかなとも考え始めていて、そうした新しいチャレンジをやらせてもらえる土壌がインスピにはあり、やりがいを感じています。

増田さんは、知れば知るほどいい人過ぎます。だからお金うんぬんではなく、自分が成果を出したいでもなく、インスピだったり増田さんのために何かしたいと思えるのです。

小原智明

株式会社インスピリッツ

―インタビュー収録―

インスピに入社したのは２０２１年12月。前職はシステムエンジニアです。インスピに入る10年ぐらい前から、インスピの大会に参加していました。スタッフがすごく楽しそうなのが印象的でした。

インスピに入ったのは、インスピを成長させたい、インスピの成長に貢献できると思ったから。これからのインスピを社員スタッフが幸せになれる会社にしたいです。すでにお客様に与える幸せはあると思います。でも、社員が幸せに働けているかというと、正直１００％そうではないと感じます。

インスピの仕事は試合の運営です。運営をするために考えなくてはならないこととか、準備することがたくさんあります。会場の備品は大丈夫かとか、椅子はこわれそうになっていないかとか。そうした準備はとても大事な仕事ではありますが、とにかくやることが多くて常に追われているのが現状。もう少しうまくやれば、お客様対応にもっと集中できるように思います。

社内の作業の効率化への取り組みは始めています。システムエンジニアとして、いろんな会社に行き、いろんな現場を見てきた経験を活かして、今後、社員が事務作業などで、できる限り労力をかけないような改善をしたいと考えています。例えば、これまで1、2時間かかっていたことを5分でできるようにして、本来やるべきことに注力できるような環境、仕組みを作りたい。あとは取捨選択。やるべきこととそうではないことを見直して、やるべきことを誰がやるのかも明確にしていきたいです。

妻はインスピへの転職に賛成してくれました。前よりなんだか楽しそうだね、と言ってくれています。前職はすごく向いている仕事でした。高い評価も頂いていました。でも、向いていることと、自分がやりたいことが一致するとは限りません。自分は人とテニスが好きで、人と接することとテニスをやりたかった。いまはやりたいことが仕事になりました。大会の運営では、お客様全員に最低1回は声をかけるようにして、会話することを楽しんでいます。

増田さんは、本当にこんな人がいるとはいまでも信じられないくらいで、何か裏があるのではと疑ってしまうほど、いい人です。

第5章

コートを、耕す

―さらなる冒険へ―

コートを耕《たがや》す

僕はマンガが大好きです。有名な剣豪をモデルしたマンガの中で、主人公が死んだ土を耕す場面があります。耕したところで、作物が実る保証はありません。でも、耕さないと、死んだ土がよみがえらない。毎日ひたすら耕し続ける主人公。その先にやっと希望が見えかけたところで、話は終わっています。

近年、テニスクラブの廃業が増えており、テニス事業者の集まりであるテニス事業協会の大きな課題になっています。では、なぜ廃業が増えているのか。そこには、固定資産税や相続税の問題があります。

例えば、あるオーナーさんが所有するテニスクラブにコートが10面あったとします。そのオーナーさんが亡くなった場合、あくまで私感ですし目安ですが、10面あったコートが3面に減ってしまうようなケースが珍しくありません。相続人の方が、相続税のためによほど現金を保有していない限り、コートの土地を切り売りして納税にあてざるを得ないのです。また、特に都心部では、テニスコートがあった場所に、マンションが建設されるケースも増えています。

テニスクラブの廃業やテニスコートの減少に歯止めをかけるための抜本的な対策はないのが現状です。その背景には、安く利用できる公営コートの存在もあります。例えば、さいたま市の市営コートは1時間220円で借りることができますが、民間だとその10倍くらいの値段に設定しなければ経営を成り立たせるのは難しいからです。

民間のテニスクラブさんの場合、テニスコートのレンタル料は1時間2000円が下限になると思います。もちろん立地にもよりますが、固定資産税等を考慮すると、最低でも1時間2000円のテニスコートが全面埋まっていて経営が成り立つのではないでしょうか。でも、その金額だとレンタルする人が少ないのが現状です。

また、テニスクラブは入会金や保証金がかかることが多く、特に若い世代のクラブ離れが目立ちます。そうすると会員は高齢者ばかりになり、新陳代謝が失われてしまいます。

では、どうすればいいのか。僕は、テニスクラブを救うカギは「試合」だと考えています。土が耕すことでよみがえるように、テニスクラブは試合を開催することで活性化するはず。それはまさにインスピがやってきたことです。

―冒険の書82―
あなたの街からテニスコートが無くなる日も遠くないかも？

試合で、テニスクラブを活性化

インスピの事業の柱は試合です。試合を開催するにはテニスコートが必要ですが、インスピには自前のコートはありません。大会数を増やすにはコートを貸してくださるテニスクラブの協力が不可欠になります。テニスクラブの協力を得ることが、インスピの事業拡大につながりますし、インスピの試合をテニスクラブでやることで、その場所が活性化し、窮地を救えるかもしれない。そんな思いがありました。

しかし、ネックになったのが、インスピが当初設定した1大会1500円という参加費でした。その参加費ではテニスクラブに支払うコート代も限りがあります。テニスクラブからインスピに大会を開催して欲しいとのオファーがあっても、コート代で折り合いがつかない場合が少なくありませんでした。でも、熱意以外、何も持っていなかった自分でも、これなら無理なく払えると考えて設定したのが1500円という値段。簡単には値上げしたくありませんでした。

参加費は後に、2000円、2500円（現在は3500円）になっていきますが、それでも民間のテニスクラブのコートをお借りするのはなかなか難しい状況でした。

これまでインスピにコートを貸してくれたテニスクラブには感謝しかありません。中には1時間1000円以下で貸してくれたところも。奇跡的な値段です。協力してくださったテニスクラブのお陰で、いまのインスピがあります。

これからは、テニスクラブに恩返しをしたい。インスピの試合や講座で、全国のテニスクラブの活性化に貢献したいと考えています。

試合でテニス界に恩返しがしたい
―冒険の書83―

笑顔があふれる場所

テニスクラブのご協力を頂き、インスピは試合会場を増やしてきました。いまでは埼玉県内に約20カ所の会場があります。繰り返しになりますが、インスピの事業の柱は試合の開催。空いているコートを借りて試合を開催するかたちなので、自社で所有するテニスコートは現在でもありません。

インスピを長年支えてくれるスタッフの一人、石井君の夢はテニス村をつくること。地域の人たちがテニスをやったり、買い物を楽しんだり、子どもと一緒に遊べたりする娯楽施設をつくりたいね〜と、石井君と夢を語っていたとき、モデルケースとして頭に浮かんだのが、善福寺公園テニスクラブです。

善福寺公園テニスクラブは東京の練馬区にあります。その野田昭彦社長と知り合う機会があり、YouTubeでもコラボさせて頂きました。インスピのYouTubeチャンネルの中の「テニスクラブ探訪」というコーナーで、僕が善福寺公園テニスクラブの宮崎靖雄コーチと対戦しています。その後に、野田社長との対談もありますので、ぜひ見てください。

以下に野田社長のコメントを抜粋して紹介します。

「10面のテニスコートがあるこの場所でテニスクラブを長く続けたいからこそ、パデル、サッカー、ボルダリング、整体、ヨガ、ピラティスなど、いろいろな要素を入れて活性化させたい。イメージは地域密着型ミニテーマパーク。休みの日に、地域の公園に行くようにここに来て欲しい。高齢の方、小さなお子さん、障がいを持っている方、地域のあらゆる方から愛される施設にしていきたい。スポーツだけではなく、飲食の施設、動物とのふれあいコーナー、パン教室やスイーツ教室、英会話教室などあらゆることをやりながらコミュニティをつくりだして、笑顔が溢れるような場所にしていきたい。それができれば、10年20年、ここでがんばっていく意味、価値がある」

―冒険の書84―
人が集うテニスコートって素敵ですよね

カフェという新しい入口

インスピYouTubeチャンネルのテニスクラブ探訪で、屋島テニスクラブさんにも訪れました。四国の香川高松市にある素敵なテニスクラブです。そこはカフェが併設されていると聞いて、どうしても行きたくなりアポなしで突撃。YouTubeでのコラボをお願いしたところ、社長の大高義仁さんが快く引き受けてくださいました。大高さんは屋島テニスクラブについて、こう言います。

「コンセプトは第3の場所。ありのままの自分で人と交流できる空間にしていきたい。テニスクラブの入口のほかに、カフェという新しい入口を作ったのもそのためです」

僕もカフェが大好きです。カフェは開放感があって居心地がいい。屋島テニスクラブさんがうらやましい。こんな素敵な場所が増えれば、テニスをやる人たちも増えるはずです。

―冒険の書85―

テニスクラブを
心がワクワクする場所にしていきたい

試合はテニススクールを救う！だけじゃない

試合との両輪で講座の売り上げは伸びていますが、あえて全体の10％以内に抑えるようにしています。それは、インスピの事業の柱はあくまで試合であるのと同時に、テニススクールとの競合を避けたいからです。インスピのお客様に試合に申し込んだきっかけを聞くと、スクールのコーチから紹介されたからというケースも少なくありません。スクールはインスピと同じテニス事業者であり、競合ではなく共存する仲間です。スクールで教わったことを繰り返し反復する場がインスピの講座で、それを試すのが試合という良いサイクルをつくりたいと考えています。

先日、全国にテニススクールを展開する「ノアインドアステージ武蔵浦和校」とのコラボで試合体験会を開催しました。試合に出た経験がない生徒さんに、試合のやり方をインスピスタッフが教える、というイベントです。試合に出ると、課題が明確になってスクールに通う頻度が週1回から2回、3回になりやすいので、まずは試合とはどんなものかを体験してもらおうという趣旨です。

スクールはインドアが乱立状態で飽和状態が続いています。そうなると、なかなか新規顧客を増やすことが難しいので、既存の生徒さんが通う頻度を上げたいとみなさん考えています。

ノアさんでの試合の体験会は、平日の空いている1面を借りて、試合未経験の方に試合の受付からマナー、ルール、試合形式や試合前練習のやり方などを説明した後、では実際に試合をしてみましょう！　という感じです。

実は、スクールに通う生徒さん全体の10％～15％しか試合に出ていないのが現状。もっと試合に気軽に出てもらうためには、まず試合とはどういうものかを知ってもらう必要があります。予備知識があれば、試合に対する怖さが軽減されるからです。体験会の参加費は2000円。インスピの広告宣伝と考えて無償で運営しました。優勝者にはインスピの試合への招待券を、参加者には割引チケットを進呈しました。この体験会は、インスピがスクールに出張してきたようなイメージ。お客様にとっては試合を普段通っているスクールで体験できるメリットがあり、スクールも試合を通してテニス熱が上がり、インスピは試合に興味を持ってもらえる。まさに三方良しの活動になってます。

また、スクールとのコラボは、インスピのスタッフが自社の商品である試合の魅力をスクールの生徒さんたちに伝え、営業力を磨く絶好の機会でもあります。

僕はいまのインスピに危機感があります。HPで集客できることが、当たり前になっているきらいがあるからです。スクールの生徒さんにインスピの試合を案内すると、おそらく「どうせ、みんな強いんでしょ」といった反論が出ます。そこで問われるのが、コミュニケーションです。

「まず試合を体験しましょう！　ミスは怖いけれど勇気を振り絞って試すとできるようになります！」と背中を押せるかどうかは、それぞれのスタッフの営業力にかかってくると思っています。

―冒険の書86―

テニス界の真ん中に試合がきてほしい

インスピの試合を全国に広げたい

２０２１年、インスピNEXTという会社を新たに立ち上げました。インスピNEXTはその名の通り、インスピを次のステージに連れていく会社です。具体的には、「試合の普及」にコンセプトを置いています。それ以外のことはとりあえず横に置いてでも、まずは試合ができる場所を増やす。インスピを全国に届けるためには、試合がない地域に試合ができる環境をつくっていくことが大切だと考え、この会社を設立しました。

埼玉にはインスピがあるので月に約４００大会の試合をする環境があります。しかし、東京・千葉・神奈川を合わせても月100大会を切るのではないでしょうか。だから、わざわざ遠くから交通費をかけて、インスピに来てくれるお客様がいらっしゃるのです。

インスピのお客様がどこから来てくれているのか。ざっくり分けると以下のようにとらえています。全体を10として、埼玉4・5、東京4、それ以外が千葉と神奈川で、1%に満たないけれど群馬、栃木、茨城の北関東。インスピNEXTは、まず埼玉と東京以外の首都圏で試合の普及を目指していきたいと思っています。

その中でも注目しているのが千葉。テニス人口は埼玉より多いのではないでしょうか。でも大会はとても少ないので、そこをインスピNEXTが大会をやりたい方をサポートしながら進めていければと思います。最初は僕が千葉に行って大会運営も行ないますが、いずれは試合の運営をやりたい人を募り、試合を開催できるように指導して委託したいと考えています。

インスピは日本で一番試合を開催している会社になりました。しかし、埼玉以外ではまだまだ知名度は低い。そこもインスピNEXTで上げていきたいですし、全国展開も目指しています。今井 毅取締役、一緒にがんばりましょう！

―冒険の書87―
いつでも、新しい冒険に出よう

インスピとインスピNEXT

テニスの試合すら満足にできない方が、ちょっと地方に行くだけでたくさんいます。試合ができる場所がないのなら、僕たちがつくろうと考えました。インスピNEXTは、地方で試合の普及をやる人がいないから始めた新会社です。試合を普及するのが目的なので、試合をする文化を広げきったら、お役御免にしたいと考えています。

全国に試合をする場所が増えたら、インスピの力も借りたい。インスピは試合に勝てるようになりたい人を、勝てるように導くことが役割。インスピNEXTが試合をできる場所をつくり、そこで試合に出て勝てるようになる人を増やすには、やはりインスピスタッフの力が必要なのかな、と思います。ここが課題ですよと客観的に見たり、講座に出てもらって課題を解決したり、強くなるところまでサポートする。インスピとインスピNEXTという2つの会社の相乗効果で、全国に試合の文化を広げていきます。

―冒険の書88―
あなたの街にも人生を変えるテニスの試合を

欲があるから1歩踏み出す

インスピNEXTという新会社を立ち上げた理由は2つあります。一つはお客様に対して、試合ができる場所を増やすのが目的。そしてもう一つが、先に紹介した池田君のように、独立したいという夢があるインスピのスタッフのための受け皿になることです。

独立という夢があるスタッフの天井を突破するのがインスピNEXT。これからインスピみたいな会社を自分で立ち上げて、自分でコートのオーナーと契約して、自分で運営するのはけっこう大変です。まだ具体的ではないけれど、最初はインスピの仕組みを使って徐々に独立してくかたちだと始めやすいし、軌道に乗るまでは経済面でもサポートしたいと考えています。ゆくゆくは、試合を開催したい人が、手軽に開催するためのシステムもつくりたいです。

そうやって試合会場が全国に増えたら、僕は各地をまわって試合に出て、その地域のおいしいものを食べたいな〜とたくらんでいます。


— 冒険の書89 —

自分の欲に蓋をしない

プロテニスプレーヤーとの連携

２０１９年、インスピは江原弘泰プロとパッチ契約を結びました。パッチ契約とは、テニスウエアにインスピのロゴを入れてもらうスポンサー契約です。江原プロはシングルス、ダブルス共に全日本選手権優勝の実績を持つ一流のテニスプレーヤーです。そしてイケメン。江原プロの出場試合をインスピで開催したり、インスピスタッフとの練習動画をYouTubeで配信したりしています。

江原プロとの出会いは、インスピのオープンの前日に僕を叱ってくれた清水トレーナーからの紹介がきっかけです。清水さんに、インスピスタッフが全日本選手権に出られるようになりたいと相談したら江原プロに教われればと。それで、清水さんが江原プロと僕に、それぞれの連絡先を伝えてくれました。

江原プロにいつ連絡しようかと考えながら、まだ連絡できていなかったある日、インスピの試合で使ったボールを寄付するために向かったのが、早稲田大学テニス部の東伏見三神テニスコート。そこでは試合が行われていました。当時は、新型コロナの影響でテニスの大会が中止に追い込まれていた状態。試合には出場できず、練習もままならない。そんな苦しい状況の中、試合ができる機会をつくりたいとの趣旨で、プロ対学生の対抗戦が行なわれていました。

そのプロチームの一員として来ていたのが江原プロ。僕は江原プロがいることに気が付きましたが、江原プロは僕が清水さんから紹介された増田だとはまだ知りません。僕は許可を得て、プロチームと学生の白熱した試合を、一緒に来ていたインスピスタッフの石井君と観戦することにしました。

試合が終わり、江原プロに挨拶に向かおうとしたとき、石井君から申し出がありました。「プロの試合を見させてもらったから、そのお礼をしませんか」。そんな粋な提案にかっこつけ大将の増田が乗らないはずはございません。持っていた封筒に一人５０００円を入れて、観戦させてもらってありがとうございましたと手渡したのです。

驚かれました。

怪しまれました。

何ならちょっと引かれました。

「何、この人たち！」と。

実は清水さんに紹介してもらった増田です。と言ったらさらに驚かれました。これがきっかけになって、江原プロとインスピとの提携、さらにはＰＴＬへとつながっていくことになります。


―冒険の書90―
一瞬の出会いをかけがえのない出会いにする

プロテニスリーグが目指すところ

江原プロ、河合陽太さん、僕が発起人となって発足したのが、プロテニスリーグ。略してPTL。PTLは、サッカーJリーグの事務局のようなものです。

テニスは競技人口はとても多いですが、地上波で大会も放送されておらず、スポーツニュースで取り上げられることもあまりありません。ましてや、プロが出ている国内の大会を観戦しに行く人は少数派です。「観る」「応援する」文化がほとんどない業界なのです。

PTLの発起人である河合陽太くんは僕と同い年で、テニス人口の減少に危機感を抱き、テニスの試合を「観る」「応援する」ところからファンを増やすという強い信念があります。

・プロを身近に感じてもらう
・気軽に観戦してもらう
・真剣勝負を観に来てもらう
・新テニスエンターテインメントを体感してもらう

ＰＴＬは、この４つのコンセプトを柱に、テニスファンを増やしていく活動を行なっています。また、小学校でのテニス体験やテニスクラブでの観戦イベントなど、地域でのいろいろな活動を通して「テニスを観戦する」ことの楽しさを伝えています。

プロは子供たちに夢を与えることができます。プロテニスプレーヤーが夢ある職業になるために、活動していきたいです。

現在（２０２３年10月）、ＰＴＬは特別協賛企業の橋本総業ホールディングスと共に、２０２４年度のプロテニスリーグ開幕に向けて活動中です。

テニスのプロリーグの魅力は、まだ立ち上がっていないことかもしれません。立ち上げまでには、まだまだ困難がたくさんあり、困難が多ければ多いほど〝やりがい〟も大きい。

立ち上げのプロセス自体を応援したい！　手伝いたい！　協力したい！　という熱い想いをお持ちのあなた！　サポーター大募集しています。

―冒険の書91―

テニス界を面白くする！

テニスを観る雰囲気を変えたい

僕はサッカーJリーグの浦和レッドダイヤモンズ、通称浦和レッズのファンです。Jリーグが開幕したころ、浦和レッズは勝てませんでしたがそのころからのファンです。レッズを応援していて一番感動したのは、選手と観客が一体となったスタジアムの雰囲気です。

でも、それがテニスにはありませんでした。プレー中は静かに。それがテニス観戦のルールだからです。頭では理解できるけど、心が違和感を感じました。サッカーのみんなで参加している感じとはまるで違うと。

試合を見ているとと応援したくなるのが自然だと思います。でも、テニスはプレーの合間にまばらな拍手がある程度。特に日本はシーンとしています。選手の名前を呼びたくてもシーンとしている中では恥ずかしいからなかなか声を出せません。この雰囲気を変えたいと思いました。

―冒険の書92―
スポーツ観戦は盛り上がっていきたいですよね

ＰＴＬフェスタ

ＰＴＬに賛同してくださる事業者様も徐々に増えてきています。２０２２年４月29日には「レッツ！インドアテニススクール八王子西」で「ＰＴＬフェスタinレッツ！インドアテニススクール八王子西」が開催されました。

プロと子供たちのヒッティングイベント、プロ同士の対決などが行なわれる中、一番盛り上がりを見せたのが、スクールとコーチとプロが組んだダブルスの試合でした。観客席には普段コーチに教わっている生徒さんたちがいて、コーチがプロに必死に食らいつく姿を本気で応援しているのが伝わってきます。まさにＰＴＬが目指す、選手と会場が一体となって楽しむ雰囲気がそこにはありました。

スクールで集客力を持っているのはプロよりもコーチです。スクールやコーチの力もお借りしてＰＴＬの活動をみんなに知ってもらいたいと考えています。

目の前で行われるプロやコーチの真剣勝負は極上のエンターテインメントです。その楽しさをテニス愛好家のみなさんに味わってもらいたいのです。

— 冒険の書93 —

百聞は一見にしかず。

騙《だま》されたと思って1回見に来てください

左から河合陽太さん、江原弘泰プロ、僕。

PTLフェスタinレッツ！ インドアテニススクール八王子西

テニス界とコミュニケーション

インスピが埼玉に試合をする文化を育て、それを全国に広げるためにインスピNEXTを立ち上げ、試合を観る文化をつくるためにPTLを発足しました。ここまで歩んできて、つくづく感じることがあります。自分がやってきたこと、これからやりたいことは、すべて人と人とをつなぐことだと。そして必要なのはやっぱりコミュニケーションだと思うのです。

僕自身まだまだ勉強中ですが、テニス業界もコミュニケーションを学べばもっと良くなっていくのではないかと思っています。

例えば、こんなコミュニケーションです。

・プロのファンに対するコミュニケーション
・プロのスポンサーに対するコミュニケーション
・コーチの生徒さんに対するコミュニケーション

・大会主催者への参加者へのコミュニケーション
・試合している選手同士のコミュニケーション

テニス業界の人たちは、テニスはみんな一生懸命やっています。そのルーティンにコミュニケーションのトレーニングも加えてほしいのです。テニス業界が扱う商品はレッスンだったり、コーチングだったり、人と接することが中心。だからこそコミュニケーションを磨けば、もっと活性化するはずです。

―冒険の書94―

この世にコミュニケーションが
不要な職業ってないんではないだろうか？

試合会場を子どもたちの思い出の場所にしたい

ちょっと想像してみてください。

今日は金曜日。気の合う友人やちょっと気になっているあの子を誘って行くのは居酒屋ではなくテニスの試合会場。そこにはお酒や少しお洒落な食事やおつまみがあって、目の前では大好きなあの選手が真剣勝負。一緒に観戦しながら弾む会話。スーパーショットに一緒になって盛り上がる。

こんな光景がテニス界に広まったらめちゃくちゃ楽しくないですか？

これがＰＴＬを立ち上げた原点です。

そうです。僕はモテたいんです。

サッカーは身近にプロがいます。僕は小学生の頃、浦和レッズの福田正博選手のファンでした。福田選手がミスタードーナツによくいると噂になり、サインをもらいに行ったことがあります。サインをもらえてうれしかったし、実際に会えてますます好きになりました。そういう経験もできるのがテニスであってほしいと願っています。

プロのテニス選手が地域のクラブにいると、子どものころにプロに会ったりとか、プロと打ったりとか、という経験ができます。僕自身がいまでも福田選手のサインを大切にしているように、プロとの関わりが一生の思い出になることもあります。

インスピのお客様から、こう言われたことがあります。「昔、小学生大会に参加しました。あのとき、運営してくれた方ですよね」。驚きました。子どものころの記憶ってすごいなと。そして気付いたのです、

子どもにとっての試合会場は、記憶に残る場所なんだと。

ＰＴＬでは小学校を訪問して「夢を持つこと」というイベントをやっています。まず最初にプロ選手が子どもたちに問いかけながら、目標を持つことの大切さを講演。その後はプロの選手と子どもたちが一緒にテニス体験を行ないます。

プロと触れ合う場があると、子どもたちの意識と行動が変わっていきます。まず、選手

に関心を持つようになります。あのプロかっこよかったとか、かわいかったとか、やさしかったとか。その選手のことをYouTubeで検索して試合の動画も観るでしょう。そうすると実際の試合を観に行きたくなります。中には、あのプロみたいになりたい、あのプロがいるチームに入りたいとの夢を抱く子も出てくるはずです。

ＰＴＬでそんな良い循環をつくりたい、つくれると信じて活動を続けていきます。

―冒険の書95―

テニス界をワクワクする世界にしてきたい

子どもたちを取り巻く環境

以前、錦織圭選手や大阪なおみ選手の活躍で、テニススクールに通う子どもたちが増えたとの報道がありました。でも、通うだけで終わってしまうケースが多いのは、やはり試合を気軽にやれる場所がなく、試合で強くなりたいという子どもも増えないからではないでしょうか。

中には本気で強くなりたいと願う子どももいます。でも、またそれも大変。プロ育成のスクールはほぼないし、あってもすごく遠かったりで、子どもの夢を支える親御さんの負担が半端じゃない。その辺の事情は、「テニスプロはつらいよ」(光文社)という本に詳しく書かれています。

この状況を打破するためには現役のプロ選手の協力が必要です。選手たちも余裕はないのは痛いほどわかっています。でも、これからの子どもたちを応援することが、同じクラスの子どもたちや学校の先生、部活の仲間などに波及してファンを増やすことにもつながります。ファンを増やすには時間がかかります。いま動かないと間に合わない、そんな危機感があります。

未来のためにその一歩を踏み出す

―冒険の書96―

インスピNEXTとPTLをつなげていく

インスピNEXTの役割は、日本全国にテニスの試合を広げること。その先に、子どもたちの全国大会を開催して、プロを目指せる環境をつくることが夢です。例えば、全国大会で優勝した子どもたちが、ＰＴＬに賛同してくれているプロたちと練習するような環境。それができると、インスピNEXTとＰＴＬがつながってきます。NEXTがＰＴＬのスポンサーになって、子どもたちのプロを目指すという夢を支援することもできます。

例えば、子どもたちの全国大会をNEXTで開催してライブ配信をすれば、全国の有望な子どもたちのプレーを見ることができます。それがきっかけになってスポンサーが付くかもしれないし、地域の人たちも、わが町の期待の星として応援します。

そこまで到達するには、少なくとも10年はかかるかもしれません。でも、やり続けたいと考えています。試合が当たり前の土壌をつくり、プロを目指す子どもたちとそのファンが増えるという果実が実ることを信じて。

― 冒険の書97 ―

テニス界の未来に向かって活動していく

競合ではなく「協合」

２０２１年11月に、Chain、Joint Sports、インスピが共同で開催したテニスの大会「Chain Cup 埼玉 Festival」。Chain 代表の村上 大さんは、これからのテニス界を背負っていく一人として注目してきた人物です。Joint Sports の代表の澤田明伸さんもテニス界に年間対抗団体戦という新しい風を吹かせています。

Chain や Joint Sports はテニスの団体戦をメインに開催していて、いわばインスピと競合する存在。「Chain Cup 埼玉 Festival」は、インスピさえ良ければそれでいいと考えるのであれば参加していませんでした。でも、自分たちさえ良ければではなく、テニス界に少しでも貢献してこそ、その一員である自分たちも発展できます。これからはテニス界の活性化のために、ほかの大会開催者ともっと協力していくつもりです。競合ではなく「協合」。みんな同じテニス業界の仲間です。

―冒険の書98―

みんなが心躍る場所をつくりたい

愛情が大きいほど、大きな夢がかなう

インスピをなぜ始めたのか。テニスの試合を通して社会に貢献したいから。でも、正直に言えば、最初はとにかくお金持ちになりたい、モテたい、社会的な名誉がほしかった。まだあります。しばられて生きたくない。管理されたくない。自分で決めていける環境、自由を求めていました。だから起業したのです。

いまは経営者として、みんなが喜ぶこと、みんなの心が動くことができれば幸せです。

まずは直接関われる身近な人から幸せにしたい。インスピを続けてきて、だんだんとその人の輪が広がりました。

でも、人に対する愛情の大きさがないと、人の輪が一時的に広がっても途中でしぼんでしまいます。人に対する愛情の大きさと、かなえたい夢の大きさがリンクしていると感じます。愛に夢が重なって、大きくなって、大きくなればなるほどがんばれるのかなと。愛情をもっと大きくして人の輪を広げて、インスピNEXTやPTLの夢をかなえたいです。

―冒険の書99―

心の中の愛情を
少しずつ大きくしていこう

あとがきにかえて
テニスにありがとう

インスピリッツというテニスクラブを起業したお陰で、こうして初の著書を出すことができました。この場を借りて、これまでお世話になった方々に心より感謝申し上げます。

まず、亡き父、そして母。僕をこの世に授けてくれてありがとう。2人が家庭という安全な居場所を与えてくれたから、僕はテニスと出会えたし、起業という挑戦もできました。

僕の母校である浦和ルーテル学院。ゼロから起業した僕にコートを貸してくれて本当にありがとうございます。また、インスピを始めてから、たくさんのお客様に助けて頂きました。お金を頂いているのに、集客のアイディアを出してくれたり、コート整備を手伝ってくれたり、親身になってときには叱ってくれたり。

ダブルスパートナーの菊地君。菊地君とのペアだから埼玉県で優勝できました。僕と組んでくれてありがとう。テニスがまだまだなときからテニスの練習に誘ってくださり、上のレベルのテニスを教えてくださった石田洋平さん、いつもありがとうございます。

インスピの役員である山田君。山田君が入らなかったらインスピは潰れてました。スタッフの石井君はインスピが一番大変なときに支えてくれた。石村君、佐藤さん、池田君、石塚さん、小原君、朝田君。インスピに入ってくれてありがとう。みんなの夢をかなえるのが僕の夢です。

アルバイトスタッフのみなさん、いつも試合の運営を支えて頂いてありがとうございます。運営スタッフであり、お客様でもある宮澤盛男さん。モーリーさんの愛称でみんなに愛されていて、出場大会も大人気です。泥臭く上達を目指すその姿はYouTubeで多くの人たちに勇気を与え、インスピの知名度も上げてくれています。

SAの桑原会長、岡根社長、小椋さん。SAでコミュニケーションを学んで、僕の人生は変わり始めました。SA埼玉の市毛さん。僕個人へのアドバイスとインスピでの研修、いつもありがとうございます。公益財団法人テニス事業協会の加藤事務局長も、僕が尊敬する方の一人。また、埼玉中小企業同友会の経営指針セミナーは、インスピの停滞期を打破するきっかけになりました。感謝しています。

そして、これまでインスピの試合に参加して頂いたすべてのお客様、本当にありがとうございます。

何もなかった僕に、テニスが人と人との豊かな関りを与えてくれました。

テニスに、ありがとう。

冒険の書∞

あなたの人生にも
素敵な冒険が訪れますように

増田吉彦（ますだ・よしひこ）

１９８１年、埼玉県さいたま市生まれ。株式会社インスピリッツ代表取締役、株式会社インスピNEXT代表取締役、ＰＴＬ（一般社団法人プロテニスリーグ機構）理事。明治大学卒業後、23歳でインスピリッツの前身であるテニスサークル「zero（ゼロ）」を立ち上げる。翌２００５年９月、インスピリッツテニスクラブ創業。毎日試合を開催するテニスクラブとして、２０２３年10月現在、埼玉県内に営業拠点約20ヵ所、年間６万人以上の参加者を集めている。テニスプレーヤーとしても、埼玉県テニス選手権ダブルス優勝等の実績がある。

インスピリッツテニスクラブ
https://inspirits-tennis-club.com

デザイン・装画　島田蘆之莉（モグ・ワークス）
撮　　影　田中 慶

インスピリッツテニスクラブ成功物語
毎日テニスだけやってたら、年商２億の会社になりました。

初版発行　2024年1月22日

著　　者　増田吉彦
発 行 者　前田和彦
発 行 所　株式会社クオル出版
〒918-8007　福井県福井市足羽2-19-11
TEL　0776-65-2550
FAX　0776-65-8202
https://kuol.co.jp/

印刷・製本　株式会社シナノパブリッシングプレス

ISBN978-4-911204-00-9